HEIMAT

MEISTERSTÜCKE FÜR MÄNNER

TRE**TORRI**

Wie in alten Zeiten: traditionelle Zubereitung eines Schmöllner Mutzbratens. Die aufgespießten Fleischstücke garen über einem offenem Feuer aus Birkenholz

Heimatküche

Welche Landesküche die beste der Welt ist, darüber wird wahrscheinlich schon lange gestritten. Und meistens werden dann die üblichen Verdächtigen genannt: die thailändische Küche, die französische, die italienische natürlich und die japanische. Die deutsche Küche wird in diesem Zusammenhang in der Regel nicht erwähnt. Zu Recht? Vielleicht. Obwohl es sicher richtig ist, dass die Saucen in der französischen Küche einzigartig filigran sind, dass die Italiener die besseren Nudeln machen und sich keine Küche der Welt so bedingungslos den Produkteigenschaften seiner Lebensmittel stellt wie die japanische.

Aber verstecken muss sich die deutsche Küche auch nicht - vor allem, weil ihr so fantastische Lebensmittel zur Verfügung stehen und deshalb einzigartige Produkte entstehen: Spargel aus Baden, Makrelen aus der Nordsee, Wein aus der Pfalz und Rheinhessen, Äpfel aus dem Alten Land, Milch aus dem Allgäu, Rind- und Schweinefleisch von verantwortungsvollen Erzeugern aus dem ganzen Land, Wurst aus Hessen, Bier aus Franken ... Die Liste ließe sich noch lange fortsetzen.

Dieses Buch widmet sich der deutschen Küche, die seit einiger Zeit Heimatküche genannt wird. Wahrscheinlich, weil sie vielen von uns eine kulinarische Heimstatt ist. Weil wir Matjes nach Hausfrauenart, schwäbische Schupfnudeln und Hendl aus München geschmacklich irgendwie zusammenfassen als typisch Deutsch. Dabei sind all diese sehr unterschiedlichen Rezepturen und Gerichte eigentlich etwas ganz anderes, nämlich ein Spiegelbild der Stärke unserer regionalen Küchen.

Es wird Zeit, dass wir das feiern! Am besten an einem gedeckten Tisch mit Freunden, den Produkten aus der Region und den Rezepturen aus diesem Buch.

Lassen Sie es sich schmecken!

ES GRÜSST SIE AUF DAS HERZLICHSTE, IHR JAN SPIELHAGEN

Jan Spielhagen

CHEFREDAKTEUR / PUBLISHER / EDITORIAL DIRECTOR FOOD

K 01

LASSEN WIR UNS NICHT DIE WURST VOM BROT NEHMEN

ÜBER DIE ZUKUNFT DES METZGER- UND BÄCKERHANDWERKS

ÜBER DIE ZUKUNFT DES
METZGER- UND BÄCKERHANDWERKS
14–23

DIE REGIONALKÜCHE
IM NORDEN
26–47

DIE REGIONALKÜCHE
IM OSTEN
80–95

K 02

MEHR ALS EINE STEIFE BRISE

KOMPASS NORDEN

K 03

IN HÜLLE UND FÜLLE

KOMPASS OSTEN

NORDEN

BUTTER BEI DIE FISCHE

REZEPTE AUS DEM NORDEN DEUTSCHLANDS

OSTEN

RAN AN DIE BULETTEN

REZEPTE AUS DEM OSTEN DEUTSCHLANDS

REZEPTE AUS DEM
NORDEN DEUTSCHLANDS
48–79

REZEPTE AUS DEM
OSTEN DEUTSCHLANDS
96–125

INHALT

DIE REGIONALKÜCHE IM SÜDEN
126–139

DIE REGIONALKÜCHE IM WESTEN
170–183

K04

ALLES ANDERE ALS FLACH
KOMPASS SÜDEN

K05

MIT LEIB UND SEELE
KOMPASS WESTEN

SÜDEN

LUSCHD AUF SPÄTZLE?
REZEPTE AUS DEM SÜDEN DEUTSCHLANDS

WESTEN

ESSEN IST FERTIG!
REZEPTE AUS DEM WESTEN DEUTSCHLANDS

REZEPTE AUS DEM SÜDEN DEUTSCHLANDS
140–169

REZEPTE AUS DEM WESTEN DEUTSCHLANDS
184–215

Scholle Finkenwerder Art.
Das Rezept steht auf Seite 58

EINLEITUNG

Zwischen Scholle und Schweinsbraten!

EIN STREIFZUG DURCH DIE DEUTSCHE KÜCHE

Was genau versteht man unter traditioneller deutscher Heimatküche? Befragt man dazu einen ausländischen Touristen, dürfte dieser folgende, typisch „deutsche" Kost aufzählen: Schweinshachse, Weißwurst, dazu Sauerkraut und Klöße, begleitet von Brez'n und einer ordentlichen Maß Bier. Wird die deutsche Küche etwa auf Bayern reduziert? Nun, wirft man einen Blick auf die Kochbuchpublikationen der einzelnen Bundesländer und verschiedenen Regionen, scheint zumindest dieser Eindruck bestätigt: Für kaum eine Region Deutschlands gibt es so viele Konvolute an Rezepten wie für das flächengrößte Bundesland im Südosten. Dicht gefolgt übrigens von Rezeptsammlungen aus dem Schwäbischen. Doch die deutsche Küche umfasst natürlich weitaus mehr. Und es wäre auch zu einfach, das Klischee zu bedienen, wonach etwa die Bayern ausschließlich Kalbs- und Schweinsbraten vertilgen und die Schwaben eher schlichte Gerichte mit Linsen und Spätzle.

SO VIELFÄLTIG WIE EIN FLICKENTEPPICH

Gibt es so etwas wie ein deutsches Nationalgericht? Nein! Essen war hierzulande nie einheitlich. Mit einem Blick auf die Geschichte unseres Landes, das erst im 19. Jahrhundert zu einem Nationalstaat wurde, wird klar, dass die dazugehörige Kost geprägt ist von den unterschiedlichsten Einflüssen der älteren und jüngeren Historie. Durch die lange politische Zerstückelung entstand eine Vielzahl von Regionalküchen; jede davon ist wiederum ein komplexes Gebilde und spiegelt die Kultur der einzelnen Gebiete wider.

Manches Lieblingsprodukt, das heute als typisch deutsch gilt, hat nichts, aber auch rein gar nichts mit der heimischen Küche zu tun. Etwa die Kartoffel, um nur ein Beispiel zu nennen. Deutschland, in der Mitte Europas gelegen, zwischen kühlem Norden und warmem Süden, zwischen Meer und Bergen, ist maßgeblich beeinflusst durch die Menschen, die hier über die Jahrhunderte durchzogen, sesshaft wurden und ihre Essgewohnheiten mitbrachten. Die Offenheit für diese unterschiedlichen Einflüsse und die daraus resultierende Anpassung der Esskultur sind bis heute Kennzeichen des deutschen kulinarischen Wesens. Wenngleich besagte Kartoffeln, die heute so „deutsch" daherkommen wie Sauerkraut, lange brauchten für ein Upgrade vom Viehfutter zum nicht mehr wegzudenkenden Grundnahrungsmittel.

SCHWEINE HABEN IMMER NOCH DIE NASE VORN

Fisch und Meeresfrüchte, üblicherweise der norddeutschen Küche zugeordnet, werden auch in anderen Regionen der Republik gern verzehrt; dort stehen dann allerdings nicht die Nordsee-Scholle und Matjes auf dem Speiseplan, sondern eher Forelle, Felchen oder Karpfen, Muscheln rheinischer Art oder Leipziger Allerlei mit Flusskrebsen. Auch Geflügel erfreut sich sehr großer Beliebtheit. Wesentlicher Bestandteil deutscher Hausmannskost aber war und ist Fleisch. Solches vom Wild und Rind, seltener vom Pferd, aus dem etwa der westfälische Sauerbraten zubereitet wird. Unangefochtener Spitzenreiter jedoch ist landauf, landab das Schweinefleisch. Für manche gern möglichst gut marmoriert und mit einer ordentlichen Fettschicht versehen – was in früheren Zeiten überlebenswichtig war, als schwere körperliche Arbeit kalorienhaltige Mahlzeiten erforderte –, für die große Mehrheit aber eher figur- und gabelfreundlich, also mager! Doch nach vielen Jahren, in denen überwiegend nach Fettarmem verlangt und möglichst Filet gekauft wurde, kommt speziell die jüngere Generation so langsam wieder auf den Geschmack. Denn Fett sorgt nicht nur für zusätzliches Aroma, es beeinflusst auch den Garprozess positiv und kann immer noch bei Bedarf später entfernt werden.

GANZ UND GAR

Was als „Nose to Tail" in den letzten Jahren im Zuge der Nachhaltigkeit von Lebensmitteln wiederentdeckt wurde, ist tatsächlich das, was in der Vergangenheit gang und gäbe war: das ganze Tier nach dem Schlachten zu verwerten. Fleisch war kostbar, da selten zu haben; heute macht bewusster Konsum deutlich, dass es respektlos wäre, ein Tier lediglich zu schlachten, um nur die „Edelstücke" wie Rumpsteak oder Schinken zu verwenden und das vermeintlich Minderwertige links liegen zu lassen. „Wie früher arbeitende" Metzger gelten heute als „revolutionär" und gleichzeitig als „unermüdliche Allesverwerter". Schließlich können, wenn es um die Wurst geht – für die die Deutschen weltbekannt sind – auch An- beziehungsweise Abschnitte und Speck verarbeitet werden. Auswahl und technische Qualität der Wurstwaren sind nicht zuletzt das „Tafelsilber" eines guten deutschen Metzgers.

Heimatküche, das ist für den einen also Bratwurst oder ein Eintopf, ein Schmorbraten aus der Schweineschulter, eine Suppe oder ein Gemüsegericht. Für den anderen ist es eine Nachspeise oder Torte, die an die Kindheit erinnert, an besondere Zeiten. Alles unbedingt so zubereitet, wie man es kennt und wo man sich zu Hause fühlt. Heimatküche ist aber vor allem eins: etwas sehr Persönliches.

DAS ARCHE-PRINZIP

„Essen, was man retten will!". Das ist das Motto der „Arche des Geschmacks", die 1996 von Slow Food e.V. ins Leben gerufen wurde, um zu erhalten, was „aufgrund des voranschreitenden Verlustes unserer biokulturellen Vielfalt" bedroht ist. Was darunter fällt, ist ganz unterschiedlich: eine Nutztierrasse, eine Kulturpflanze, wilde Arten oder aber traditionelle Zubereitungsweisen von Lebensmitteln. Insgesamt etwas mehr als 70 Arche-Passagiere gibt es in Deutschland, international sind es 5000. Eins ist allen gemein: Die Kandidaten müssen mit lokalen Traditionen und Nutzweisen im Zusammenhang stehen, mit einer speziellen Region und deren Kultur verbunden und in ihrer Existenz bedroht sein sowie in vermarktbaren Mengen erzeugt werden.

Oft ist es nur dem Einsatz einzelner engagierter Menschen zu verdanken, dass Produkte, deren Geschichte jahrhundertealt ist, überhaupt noch erhältlich sind. Zum Beispiel der weltweit einzigartige Würchwitzer Milbenkäse oder die Erfurter Brunnenkresse, die speziellen Alblinsen im Schwäbischen oder die Teltower Rübchen in Brandenburg. Nicht zu vergessen der Finkenwerder Herbstprinz, eine alte Apfelsorte, die vor der sogenannten Sortenbereinigung gerettet wurde und dadurch immer noch gepflückt und gegessen werden kann. Ohne die Hartnäckigkeit und die Arbeit heimatverbundener Bauern gäbe es heute weder das Schwäbisch-Hällische Landschwein mehr noch das Angler Sattelschwein und schon gar nicht das für Rheinland-Pfalz typische Glanrind. All dies ist ein wesentlicher Bestandteil der regionalen Heimatküche, ohne die die vielfältige kulinarische Landschaft in Deutschland eine deutlich ärmere wäre.

Mecklenburger Rippenbraten.
Das Rezept steht auf Seite 73

WAS WIR WOLLEN!

Worauf legen die Deutschen beim Essen Wert? Offenbar zunehmend auf Qualität und Herkunft. Eine erfreuliche Tendenz. Nicht nur beim Fleisch scheint so manchem klar zu werden, dass das, was hochwertig sein soll, nicht zu Dumpingpreisen erhältlich ist. Ob sich das allerdings langfristig auch aufs Tierwohl auswirken wird, muss sich noch zeigen.

Quelle für alle Infokästen:
BMEL-Ernährungsreport 2020

FLEXIBILITÄT LIEGT IM TREND

94 Prozent der Deutschen essen gern Fleisch. Mehr als die Hälfte davon allerdings nicht jeden Tag. Diese sogenannten Flexitarier konsumieren Fleisch- und Wurstprodukte nur gelegentlich und achten auf die Qualität.

55 % FLEXITARIER   **5 %** VEGETARIER   **1 %** VEGANER

MIT BRIEF UND SIEGEL

Woher stammen unsere Lebensmittel? Auf die Angabe „Bio" achten mittlerweile 50 Prozent der Deutschen. Fairer Handel, die artgerechte Haltung von Tieren sowie nachhaltige Fischerei sind für die Konsumenten vergleichbar wichtig. Etwa die Hälfte der Befragten kauft Produkte, die mit entsprechenden Labels gekennzeichnet sind. Drei Viertel der Befragten wünschen sich ein staatliches Tierwohl-Siegel.

47 % SIEGEL FÜR NACHHALTIGE FISCHEREI   **48 %** TIERWOHL-LABEL   **49 %** SIEGEL „FAIRER HANDEL"   **50 %** BIO-SIEGEL

WAS BEIM EINKAUF WIRKLICH ZAHLT

Entscheidend bei der Auswahl ihrer Lebensmittel ist für die Deutschen vor allem eines: der Geschmack. Dass die Qualität stimmt, machen über 80 Prozent an der regionalen Herkunft fest. Über die Hälfte achtet außerdem auf die Produktinformationen; für nur 35 Prozent ist eine bestimmte Marke ein Kaufkriterium.

97% GESCHMACK
83% REGIONALE HERKUNFT
55% VOM SORTIMENT INSPIRIERT
54% PRODUKTINFORMATIONEN
46% PREIS
35% MARKEN
25% NEUE PRODUKTE

BESSER REGIONAL

Unsere Lebensmittel möchten wir am liebsten direkt von nebenan. Mittlerweile legen mehr als drei Viertel der Menschen großen Wert auf die Regionalität der wichtigsten Produkte wie etwa Milch, Eier, Brot, Obst und Fleisch. Selbst 47 Prozent der Jugendlichen und jungen Erwachsenen in der Bundesrepublik sind inzwischen ebenfalls von der Wichtigkeit der lokalen Landwirtschaft überzeugt. Etwa ein Drittel der Befragten wünscht sich auch beim Thema Fisch möglichst kurze Transportwege.

84% Milch, Milcherzeugnisse und Eier
83% Brot- und Backwaren
83% Frisches Gemüse und Obst
76% Fleisch- und Wurstwaren
58% Getränke
49% Futtermittel für Tiere
34% Fisch und Fischerzeugnisse

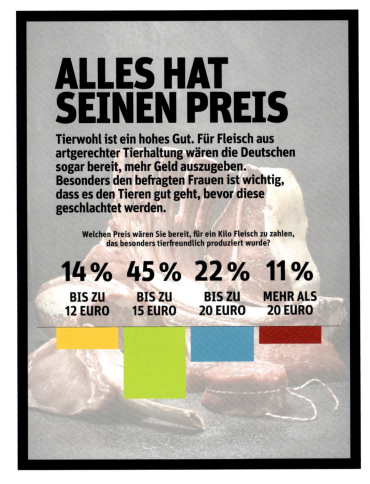

ALLES HAT SEINEN PREIS

Tierwohl ist ein hohes Gut. Für Fleisch aus artgerechter Tierhaltung wären die Deutschen sogar bereit, mehr Geld auszugeben. Besonders den befragten Frauen ist wichtig, dass es den Tieren gut geht, bevor diese geschlachtet werden.

Welchen Preis wären Sie bereit, für ein Kilo Fleisch zu zahlen, das besonders tierfreundlich produziert wurde?

14% BIS ZU 12 EURO
45% BIS ZU 15 EURO
22% BIS ZU 20 EURO
11% MEHR ALS 20 EURO

ERWARTUNGEN AN DIE LANDWIRTSCHAFT

Rund zwei Drittel der Verbraucher legen großen Wert auf eine artgerechte Tierhaltung, eine hohe Qualität der Produkte sowie faire Löhne – und wären bereit, dafür auch mehr Geld zu bezahlen.

66% Artgerechte Tierhaltung
63% Qualität
64% Faire Löhne
51% Pflege ländlicher Räume
52% Umweltschonende Methoden
48% Verringerung gesundheitsbelastender Emissionen
46% Transparenz des Betriebs
44% Vermarktung der Produkte in seiner Region

LASSEN WIR UNS NICHT DIE WURST VOM BROT NEHMEN

ÜBER DIE ZUKUNFT DES METZGER- UND BÄCKERHANDWERKS

K01

Knochenarbeit im wahrsten Sinne des Wortes: Ohne einen durchstichsicheren Handschuh läuft hier gar nichts

METZGER

Auf Messers Schneide

METZGEREIEN IM SPANNUNGSFELD ZWISCHEN INDUSTRIE UND HANDWERK

Ob sie sich nun Fleischer, Schlachter oder Metzger nennen – in vielen Gegenden Deutschlands muss man mittlerweile weit fahren, um einen der gefliesten Läden mit diesem wunderbaren Duft nach geräucherten Würsten, gebackenem Schinken und Leberkäse zu finden. Ja, der Einkauf von Vorgepacktem im Supermarkt mag schneller erledigt sein, aber wer diskutiert dort schon mit einem über das beste Stück fürs geplante Rezept, packt großzügig Suppenknochen mit ein oder beglückt die Kinder mit einer dicken Scheibe Fleischwurst direkt auf die Hand?

Beinharter Fakt ist: Es gibt immer weniger Fleischereien. 2008 waren es noch knapp über 16.000 in ganz Deutschland, 2018 nicht einmal mehr 12.000. Das heißt: Immer mehr Menschen teilen sich mittlerweile einen Laden mit dem weithin sichtbaren roten „f", das seit den 1960er-Jahren das Fleischerhandwerk kennzeichnet. Doch wer jetzt den Vegetariern und Veganern den schwarzen Hackepeter für diesen Schwund zuschieben möchte, liegt komplett falsch: Der Fleischkonsum bewegt sich in Deutschland in den letzten Jahrzehnten ziemlich konstant bei rund 60 Kilogramm pro Kopf. Aha, vom Fleisch gefallen sind wir also nicht. Aber woran liegt es dann? Etwa am Kaufverhalten? Sind wir einfach zu bequem für den Extragang ins Fachgeschäft geworden? Noch 1990 wurden 60 Prozent des gesamten Wurst- und Schinkenkonsums als lose Ware über die Theke gereicht, 2018 waren es nur noch knapp über 25 Prozent. Doch kaum zu glauben, aber wahr: Die Inhaber der noch bestehenden Läden vermelden, die Geschäfte liefen gut, die Betriebe würden tendenziell immer größer, in Umsatz und – sofern denn möglich – auch an Mitarbeitern! Denn da liegt der eigentliche Hase im Pfeffer: Die gesamte Branche sucht händeringend nach Fachkräften und vor allem Nachwuchs. Während früher der elterliche Betrieb häufig nur aus Pflichtgefühl oder mangels Alternativen übernommen wurde, wird heute nur noch Metzger, wer dies auch wirklich will. Eigentlich genau das, was wir uns als Kunden wünschen...

NUR ETWAS FÜR ECHTE KERLE

Das Metzgerdasein hat ein Imageproblem, das nicht nur das heikle Thema „Töten" betrifft, sondern auch an den teils prekären Bedingungen für Mensch und Tier in den großen industriellen Schlachthöfen festgemacht wird. Nicht zu Unrecht: Zuletzt waren es die massiven Corona-Ausbrüche unter Schlachthof-Mitarbeitern, die wieder einmal einen traurigen Beweis dafür lieferten. „Schlachter" klingt nicht nur unattraktiv, die Arbeit gilt auch als schwer und eher schlecht bezahlt. Dazu kommt das ewig gestrig wirkende Ungleichgewicht der Geschlechter. Das Fleischhandwerk ist – mit Ausnahme der Fachverkäuferinnen – nach wie vor überwiegend Männersache; nicht einmal jede zehnte Gesellen-Urkunde wird von einer Frau entgegengenommen, nur zwölf Prozent der Meister sind weiblich, und auch die Verbände kommen stark männerdominiert daher. Schneidet sich die Branche da womöglich auch schmerzlich ins eigene Fleisch?

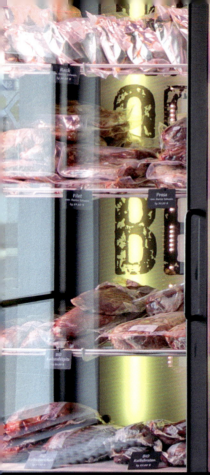

Positives Marketing in eigener Sache tut also not – womit sich die eher zurückhaltenden „Fleischhandwerker" oftmals schwertun. Denn wie sollen potenzielle Mitarbeiter die Wurstküche hinterm Laden wertschätzen, wenn sie gar nicht wissen, wie abwechslungsreich und spannend dort vor Ort produziert wird? Noch zu selten wird die Notwendigkeit der Abgrenzung zu den Großanbietern gewünscht, der Ruf nach transparenter Manufaktur laut, nach engeren Verbindungen zu Bauern und Höfen.

NICHT NUR SAUBER, SONDERN REIN MUSS ES SEIN

Dass diese einst enge Verbindung beinahe abgerissen ist, liegt hauptsächlich an den wachsenden Hygieneanforderungen und den daraus abgeleiteten Fleischbeschaugesetzen. Bereits im Mittelalter ging in den wachsenden Städten die Zahl der traditionellen Hausschlachtungen zurück, während die Metzgerzünfte an Bedeutung zunahmen. Das löste jedoch noch nicht das Hygieneproblem, das durch die Kombination von wachsendem Fleischbedarf in den Städten und der daraus resultierenden steigenden Tagesschlachtmenge entstanden war. Der massive Städtewachstum im Zuge der Industrialisierung in der zweiten Hälfte des 19. Jahrhunderts führte schließlich zu noch strengeren Fleischbeschaugesetzen. In der Praxis bedeutete dies, dass nur dafür speziell eingerichtete Schlachthöfe die ausschließliche Schlachterlaubnis erhielten. In Berlin, wo der Arzt und Politiker Rudolf Virchow bereits in den 1860er-Jahren argumentiert hatte, dass Fleisch nicht nur bezahlbar, sondern auch hygienisch unbedenklich sein müsse, war es die Stadt selbst, die den Bau eines zentralen Vieh- und Schlachthofs vorantrieb. Nach langer Planung wurde dieser 1881 am östlichen Stadtrand auf einem mehr als 38 Hektar großen Gelände eröffnet. Der Betrieb verfügte sogar über einen eigenen Eisenbahnanschluss und erleichterte die Umsetzung der Fleischbeschaugesetze ganz erheblich.

Aus hygienischer Sicht also positiv, für das allgemeine Verständnis der Wertschätzungskette Tier-Weide-Stall-Bauer-Metzger-Genuss hingegen eher nicht. Wie so häufig der Fall in der modernen Lebensmittelversorgung ist das Reaktivieren solcher Ketten nicht einfach. Der Gegentrend verläuft hier deutlich zaghafter als bei den Bäckern, die sich mit ähnlichen Problemen konfrontiert sehen. Eine Prognose über die Zukunft des Fleischerhandwerks scheint nahezu unmöglich. Trotzdem, das innere Kind erinnert sich immer noch gern an den Duft von Fleischwurst und Schinken – und hofft auf ein Wiedererstarken des traditionellen Fleischerhandwerks. Ob fein oder grob: Lassen wir uns nicht die gute Wurst vom Brot nehmen – es darf auch gern wieder „ein bisschen mehr" sein!

Abb. oben: Eine wahre Augenweide für Fleischfans: Auslage der Metzgerei David in Worms.
Abb. unten: Wissen um die gute Herkunft – seine Rinder bezieht Metzgermeister Jürgen David unter anderem aus dem nahe gelegenen Donnersbergkreis

Gut Brot will Weile haben

BÄCKEREIEN AUF DEM SCHEIDEWEG ZWISCHEN TRADITIONELLER UND MASCHINELLER PRODUKTION

BÄCKER

Beim Wort Kindheit ploppen bei vielen mittlerweile längst großen Kerlen zahllose Erinnerungen hoch: an endlose Sommerferien, kurze Hosen, aufgeschlagene Knie, süßen Schokopudding oder die geklauten Kirschen aus Nachbars Garten etwa. Mehr noch aber an den köstlichen Duft aus der Bäckerei frühmorgens auf dem Weg zur Schule, an die Tüte Kuchenkrümel für einen Groschen auf dem Nachhauseweg, die frischen Brötchen und Hörnchen am Sonntag... Gestern noch der wohlvertraute Bäcker um die Ecke mit angeschlossener Backstube, heute hingegen ein steriler Aufbackautomat beim Discounter, eine anonyme und im Handling eher umständliche Selbstbedienungstheke im Supermarkt oder Fertigbelegtes auf dem Weg zur Arbeit. „Echte" Handwerksbäckereien? Danach muss man suchen. Was auf den ersten Blick aber nicht daran liegt, dass die Deutschen ihr Brot nicht mehr lieben würden, immerhin stieg der Gesamtumsatz der Branche von 2012 bis 2017 um knapp elf Prozent. Doch wie und wo von wem gebacken wird, hat sich deutlich verändert. Gab es im Jahr 2000 noch über 20.000 Bäckereibetriebe, sind es heute keine 11.000 mehr. Und von denen wiederum (und hier beginnt die Misere) machen nur wenige Prozent, und zwar die Filial- und Lieferbäckereien, weit über die Hälfte des Gesamtumsatzes aus. Sie sind es, deren Brot wir überwiegend essen, die uns flächendeckend versorgen. Und dieser Strukturwandel schreitet stetig voran.

Der Ursprung dessen, was wir heute erleben, liegt weit in der Vergangenheit, in den Anfängen der Industrialisierung Deutschlands. Sie setzte hier sehr spät ein, verlief dafür aber umso stürmischer. Rangierte die deutsche Wirtschaft 1840 noch weit

hinter der englischen, war Deutschland Ende des 19. Jahrhunderts bereits eine der führenden Industrienationen der Welt. 1871 lebten hier 41 Millionen Menschen, 1914 war die Zahl auf 68 Millionen gewachsen. Am stärksten spiegelte Berlin diese rasante Entwicklung wider, stieg ihre Einwohnerzahl damals doch genauso rasant schnell wie die von Chicago. Und alle diese Mäuler wollten mit möglichst preiswertem Brot gestopft werden. Während bis in die 1930er-Jahre in vielen ländlichen Gegenden noch selbst gebacken wurde, übernahmen in den Städten Bäckereien diese Handwerkskunst – im großen Stil.

AM LAUFENDEN BAND

Die Geschichte der modernen Brotbäckerei begann bereits in den 1820er-Jahren mit den ersten dampfbetriebenen Mühlen und sogenannten Endlos-Tunnelöfen. 1856 eröffnete in Berlin die erste Backfabrik, als Aktiengesellschaft. Sie konnte bis zu 250 Tonnen Roggenmehl täglich verarbeiten und damit bis zu einem Drittel des städtischen Brotbedarfs decken. Doch selbst bei diesen Mengen stieg die Nachfrage der rasch wachsenden Stadt schneller als das Angebot. Immerhin konnte die Backfabrik durch die Mechanisierung traditionelle Produkte wie etwa Schrippen nun deutlich günstiger anbieten. Diese Entwicklung beobachteten die traditionellen Stadtbäcker trotz der wachsenden Nachfrage nicht ohne Sorge, öffnete sich doch hier erstmals die Preisschere zwischen handwerklichem und industriellem Backprodukt. Auch deutete sich ein weiterer Trend an, der sich bis heute fortsetzt: weg vom „richtigen" Brot, hin zu hellen Backwaren und Kuchen, Sandwiches, Getränken.

Die steigende Mechanisierung und automatisierte Verarbeitung zog weitere Veränderungen nach sich: Die Rohstoffe mussten standardisiert sein, um sie maschinengängiger zu machen. Auf diese Weise konnten die Backfabriken noch effizienter arbeiten und die Produktion beschleunigt werden. Dazu entwickelten Züchter, Bauern und die Mühlenbranche im Laufe der Zeit immer bessere Getreide- und Mehlsorten, die den Anforderungen einer hochmechanisierten Produktion durch hohe Erträge und Eiweißgehalte, darunter Gluten, besonders entgegenkamen. Kleine Randnotiz: Diese wichtigen, komplexen Proteinketten sind umso besser verdaulich, je länger sie während der Teigbereitung vergären – die industrialisierten Methoden hingegen sind auf Zeiteffizienz bedacht... eventuelles Bauchgrummeln inklusive. Time is halt money!

Die „kleinen" Bäckereibetriebe kämpfen nicht nur mit dem Rückgang ihrer Kundschaft, hinzu kommt auch noch der Nachwuchsmangel. Immer weniger Lehrlinge bewerben sich um einen Ausbildungsplatz. Bäcker zu sein ist nicht unbedingt cool und: Wer will schon um drei Uhr morgens aufstehen? Auch „Bäckereifachverkäuferin" klingt nicht gerade sexy. Übrigens: Frauen in der Backstube haben Seltenheitswert, immer noch. Steuern wir also auf das baldige Aus der „echten", sogenannten Handwerksbäckereien zu?

EINFACH DUFTE: DIE NEUE LUST AUF „LAIBHAFTIGES"

Doch der traditionsbewusste Zweig der Branche will nicht aufgeben. Klasse, dass sich ein Gegentrend abzeichnet, denn (immer nur) Brot „von der Stange" macht auf Dauer auch nicht glücklich! Eine junge Generation von hochmotivierten Bäckern ist in den letzten Jahren mit ihren Manufakturen an den Start gegangen. So wie die Lebensreform-Bewegung („Zurück zur Natur!") mit ihrer Hymne auf das Vollkornbrot den vehementen Anfängen der Backindustrie samt ihrer weißen Schrippen einst den Rücken kehrte, so sind es heute echte „Hand-Werker", die dem aufgeklärten Kunden voller Selbstbewusstsein „richtiges", handgemachtes Brot kredenzen. Damit bieten sie nicht nur industrieller Massenware die Stirn, sondern auch den in vielen Bäckereien zunehmend beliebten Fertigbackmischungen („Auf die Tüte, fertig, los!") und Teiglingen. Das Endergebnis ist zwar teurer als im Supermarkt, sicher, wird aber tatsächlich wieder in der Backstube hinterm Laden geknetet und gebacken – und duftet bis hinaus auf die Straße. Es ist Brot, dem Zeit gegeben wurde zum Reifen. Es besteht aus Getreide mit nachvollziehbarem Ursprung und erzählt von den Menschen, die dieses angebaut, geerntet, gedroschen und gemahlen haben. Heraus kommt vor allem eines: ein hocharomatisches, von Menschenhand erschaffenes Produkt mit „Format", in vielerlei Hinsicht. Ein solches Brot genießen zu dürfen, ist echter Luxus. Ein wehmütiger Blick zurück bringt uns nicht weiter, besser backen schon.

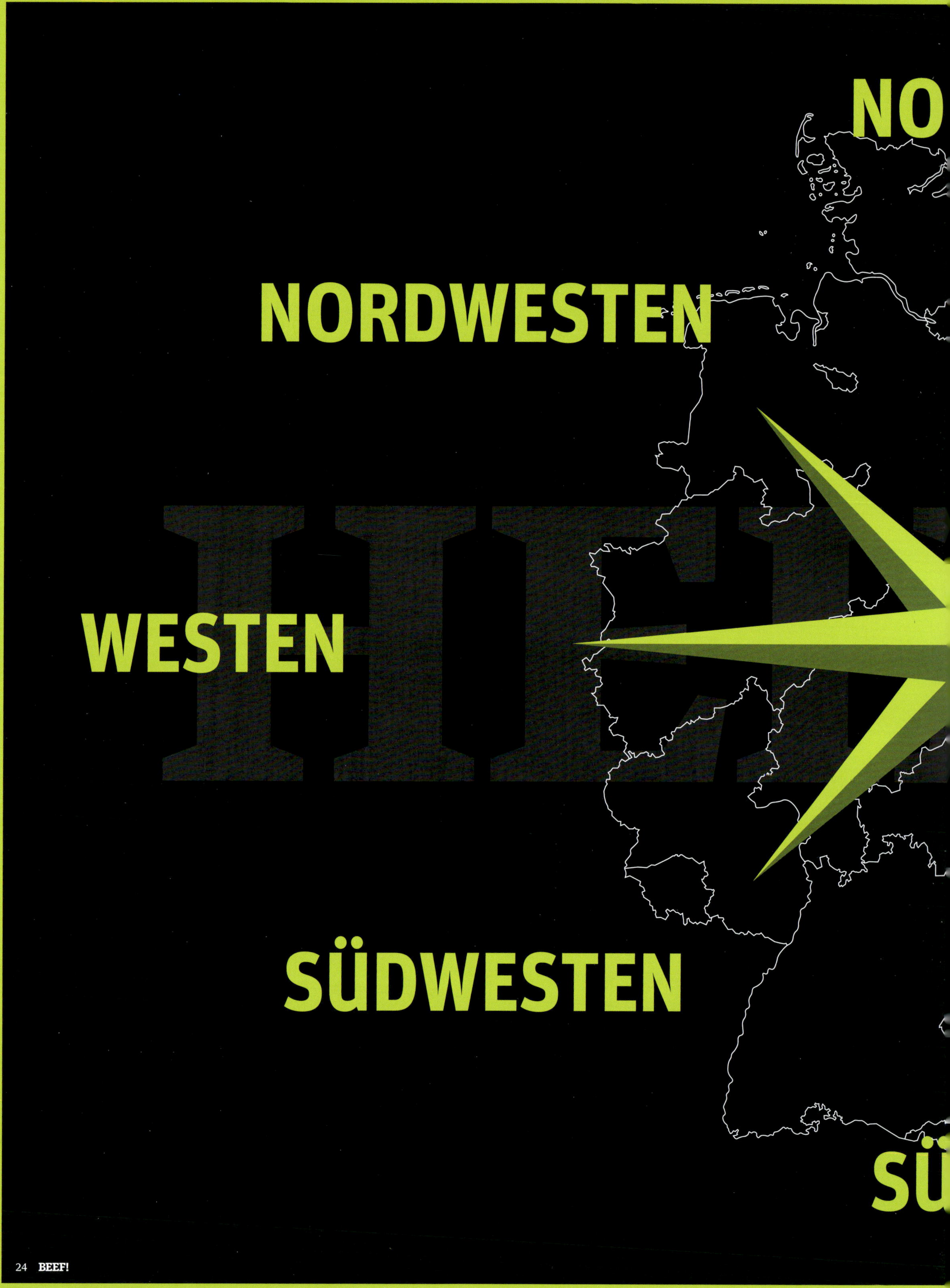
NO
NORDWESTEN
WESTEN
SÜDWESTEN
SÜ

KOMPASS

NORDOSTEN

OSTEN

SÜDOSTEN

N

NW **NO**

Mit vollem Einsatz: Krabbenkutter vor der Insel Neuwerk in der Elbmündung nahe Cuxhaven

IM

MEHR ALS EINE STEIFE BRISE

KOMPASS NORDEN

Volle Fahrt voraus!

DIE REGIONALKÜCHE IM NORDEN

Wind, Wellen, weites Land. Beeinflusst vom maritimen, oftmals rauen Klima, aber auch von den früher sehr harten Arbeitsbedingungen in den Häfen und auf den Feldern, ist die Küche im Norden der Republik energiereich und ursprünglich. Die kompositorisch mitunter gewöhnungsbedürftigen Gerichte von einst entwickeln heute – moderner und schlanker interpretiert – einen raffinierten Charme, dem selbst Feinschmecker nicht widerstehen können. Eine kulinarische Entdeckungsreise lohnt sich, denn die authentische Zubereitung vieler regionaler Spezialitäten ist nicht nur Einheimischen vorbehalten. Von der Lüneburger Heide bis an die Küsten von Nord- und Ostsee, rauf bis an die dänische Grenze, finden sich je nach Region ganz unterschiedliche Gerichte.

Die Niedersachsen etwa kitzeln ihren Gaumen gern mit einem Hannoverschen Zungenragout, einer raffinierten Mischung aus Rinderzunge und weiteren Fleischzutaten. Aber auch der Emsländer Buchweizenpfannkuchen, der „Bookweeten Janhinnerk", lässt ihr Herz gewaltig höherschlagen. Das Pseudogetreide Buchweizen, ein anspruchsloses Knöterichgewächs, ist optimal geeignet für die hier typischen Sand- und Moorböden.

WIE DAS LAND, SO DIE KOCHKUNST

Angereichert wird die hiesige Küche mit zartem Fleisch von der Heidschnucke oder frisch gepulten Nordseegarnelen. Und was dem Ostfriesen sein Tee, ist dem Emsländer der Schnaps. Obstbrände und Korn haben

NORDEN

genauso Tradition wie die kräftige Ostfriesenmischung mit Kluntje und Wolkje, Kandis und Sahne. Was auch immer geht, ist ein ordentlicher Pharisäer, gesüßter Kaffee mit Rum und einer Haube aus frischer Schlagsahne. Von wegen kalter Kaffee!

SURF AND TURF AUS DER KOMBÜSE

Doch nicht nur auf dem platten Land, auch in Hamburg und Bremen spielen Traditionen eine wichtige Rolle. Dank der Schifffahrt hat hier die regionale Küche zudem zahlreiche auswärtige Einflüsse zu bieten und wurde durch diese weiterentwickelt. Exotische Gewürze aus Indien und Südamerika brachten ganz neue Geschmacksrichtungen auf den bürgerlichen Tisch. Doch was wäre die hanseatische Küche ohne Hering & Co? Zu den beliebten Hamburger Fischgerichten zählt Labskaus, ein handfester Mix aus Pökelfleisch, Roter Bete und Kartoffeln, der mit einem Spiegelei und Matjesfilet oder Rollmops garniert wird. Die legendäre Kombüsenkost ist typisch für die Seefahrt in früheren Zeiten, als nur lange haltbarer Proviant mit an Bord genommen werden konnte. Auch Aalsuppe mit Holunder steht gerne auf der Speisekarte, was sich für Auswärtige schräger anhört, als es tatsächlich schmeckt. Unbedingt mal probieren!

Südlich davon und unweit der Freien und Hansestadt Hamburg, im Alten Land am Elbstrom, gedeihen historische Apfelsorten wie Finkenwerder Herbstprinz oder Holsteiner Cox. Die aromatische Frucht, die einst vermeintlich den Sündenfall heraufbeschwor, hat bis heute nichts von ihrer Verführungskraft eingebüßt. Friedrich Schiller förderte seine Kreativität übrigens – so ist es überliefert –, indem er einige angefaulte Äpfel in seiner Schreibtischschublade aufbewahrte: Der Duft sollte ihn beflügeln. Trieb ihn der „Haut Gout" womöglich zum schnelleren Schreiben an?

PALMEN IM NORDEN? GIBT'S HIER IN DER DOSE!

Im Winter, möglichst nach dem ersten Frost, ist Grünkohl – auch Oldenburger Palme genannt – im Norden der absolute Star. Ob frisch vom Feld oder praktisch aus der Konservendose, das würzige Blattgemüse genießt dort wahren Kultstatus. Im Raum Bremen und Oldenburg darf hierbei eine spezielle Grützwurst mit dem appetitanregenden Namen „Pinkel" nicht fehlen. Über die genaue Bedeutung des Begriffs streiten sich bis heute die Gelehrten. Er soll aus dem Plattdeutschen stammen und Mastdarm bedeuten, was auf die Wursthülle hinweist. Und um das Prädikat „Hauptanbaugebiet" des Grünkohls gibt es einen (nicht ganz ernst gemeinten Disput) zwischen Bremern und Oldenburgern, ebenso wie über die Frage, ob es nun Grün- oder Braunkohl heißt. Wie auch immer – mit diesem Regionalgericht bekennt man Farbe!

Der „Meelbüdel" (Mehlbeutel), auch „Großer Hans" genannt, ist Bestandteil einer traditionell gedeckten Tafel im Westen Schleswig-Holsteins. Diese Mehlspeise aus altbackenem Weizenbrot oder einem Hefeteig kann süß oder herzhaft vertilgt werden, manchmal sogar auch in der Kombination von Fleisch und fruchtiger Sauce. Generell werden süße Speisen im Norden oft mit Saurem und/oder Salzigem („söötsuur") kombiniert – wie etwa der Klassiker „Birnen, Bohnen und Speck", der nicht ohne karamellisierte Kartoffeln daherkommen darf. Das ist zurückzuführen auf die überlieferte Konservierung der Lebensmittel mithilfe von Salz, Zucker oder Säure. Wer es edler mag, schlürft mit Wonne die „Sylter Royal" – eine Zuchtauster, die ihresgleichen sucht.

Die Küche des Nachbarlandes Mecklenburg-Vorpommern ist der von Schleswig-Holstein nicht unähnlich. Ostsee und Felder bringen hier reichlich Fisch und noch mehr Kartoffeln hervor. Als sogenannte „Tüften" begleiten Letztere viele der regionalen Gerichte. „Das Volk lebt meist von Kartoffeln, von dürrem Obst, von Weißkraut, Rüben und Pferdebohnen", hieß es in Reiseberichten früherer Jahrhunderte. Woraus sich in heutigen Zeiten durchaus Allerfeinstes zaubern lässt. Kurzum: Die vielfältigen regionalen Spezialitäten haben eine einzigartige Ess- und Trinkkultur im Norden geprägt. Darum halten wir es am besten wie der feinsinnige Oscar Wilde, der schon immer wusste: „Die Kultur hängt von der Kochkunst ab". Und davon gibt es zwischen Land und Meer eine ganze Menge!

Ab in die Dunkelkammer: Hier entwickelt sich im wohldosierten Buchenrauch das spezielle Aroma des Ammerländer Schinkens

NORDEN

Räucher-Ware mit Biss

AMMERLÄNDER SCHINKEN AUS APEN

Vollmundig wirbt die Tourismuszentrale: „Im Ammerland in Niedersachsen hängt der Himmel voller Schinken". Ein Claim, der wohl der Heimatliebe geschuldet sein dürfte: Immerhin befindet sich in dem kleinen ammerländischen Dorf Apen, zwischen Leer und Oldenburg gelegen, die älteste Schinkenräucherei der Region. Mitten im Ort, nur einen Steinwurf von der Kirche entfernt, wird dort - und nur dort - seit 1748 der regionale Rohschinken so geräuchert, wie es die Tradition verlangt. Herr über diese Spezialität ist in mittlerweile neunter Generation Metzger Arnd Müller, ein Apener, wie er im Buche steht - genauso wie der altehrwürdige Johann Nikolaus Meyer, der die Schinkenräucherei 1748 gegründet hat. Diese ist zwischenzeitlich ein „Working Museum", in dem Besucher alles über die Geschichte und die Besonderheiten des Ammerländer Schinkens erfahren. Und den sie direkt danach in der „Guten Stube" verkosten und natürlich auch kaufen können. Nur am Stück, versteht sich!

Aber was genau macht denn diese Besonderheit aus? „Es ginge auch deutlich einfacher", sagt Müller, „aber ich mache mir die Mühe, einen Schinken zu räuchern, der so ist wie zu der Zeit, als es noch keine ‚Turbo-Schweine-Schinken' gab, die nur Träger des Würzgeheimnisses wären." Also braucht es dazu erst einmal die richtige Schweinerasse. Dafür prädestiniert sind die reinrassigen Schweine der „Bunten Bentheimer", die aus Niedersachsen stammen. Wie bei allen robusten Rassen hängen Konsistenz und Geschmacksintensität des Fleisches auch davon ab, wie die Tiere aufgezogen und gefüttert werden. Dürfen sie in Freilandhaltung in Ruhe aufwachsen, wird ihr Fleisch durch die Marmorierung mit Fett außergewöhnlich gut und schmackhaft. Oder wie Arnd Müller es ausdrückt: „Der leckerste Schinken findet sich im rot-weißen Gesamtereignis."

DIE WICHTIGSTE ZUTAT: ZEIT

Schinkenfans aufgepasst: Bei diesem Ammerländer handelt es sich um einen langsam geräucherten Rohschinken aus der Region, denn es gibt durchaus Unterschiede. Wird er von Arnd Müller geräuchert, dem Handwerker mit dem nötigen Wissen, besticht er durch seine helle Farbe und das kräftig rote Fleisch sowie seinen milden, leicht nussigen Geschmack. Zur Herstellung pökelt Müller den Schinken am Knochen zunächst für drei Wochen intensiv von Hand und nutzt dafür ausschließlich ein spezielles Natursalz der Saline Luisenhall. „Das mache ich allein, ohne dass mir einer dazwischenschnackt!" Sein Vater Martin - die achte Generation in der Räucherei - hat seinen Sohn schon als Kind an unterschiedliche Schinken-Reifegrade bis hin zu 18 Monaten geschmacklich herangeführt, sozusagen „angefüttert". „Nun fange ich da erst an. Bei mir reifen der Tradition folgend einige Schinken sogar bis zu 50 Monate." Ein ausgeklügelter Balanceakt zwischen Luftfeuchte und Trockenheit ist währenddessen erforderlich, eine Kombination aus Erfahrung und erprobtem Handwerk mit der Kunst der Improvisation. Nach dem Pökeln hängt Metzger Müller den Schinken zum Nachtlufträuchern in Buchenrauch. Auf dem Grund der Drei-Etagen-Räucherkammer sorgt ein schmaler Wall aus Buchensägemehl, der in Windungen ausgelegt ist, für genau die Menge an Rauch, die für die Haltbarkeit der Ammerländer Rarität nötig ist. „Die kühle Nachtluft außen

Kunstwerk in Rot-Weiß: Die „Bunten Bentheimer" liefern die richtige Mischung zwischen Fett und Muskelfleisch – für einen perfekt marmorierten Schinken

bestimmt während des Räucherns und danach die Temperatur sämtlicher Räume", erklärt der Experte. „Man liefert sich ihr aus, aber nur so gelingt diese langsame Austrocknung, die ein richtiger Schinken eben braucht." Damit die guten Stücke über eine lange Zeit reifen können, ist darüber hinaus das richtige Verhältnis zwischen Fett und Muskelfleisch entscheidend. Metzger Müller erklärt: „Das Fleisch der Bentheimer Schweine ist deutlich aromatischer und fester im Biss als bei den sogenannten modernen Rassen. Und deshalb genau das Richtige für mich." Und damit wären wir bei dem nächsten entscheidenden Kriterium für den echten Ammerländer Schinken: Zeit.

IN DER KÜHLE DER NACHT

Vor allem auf „die Sache mit der Luft" käme es bei der langsamen Reifung an. In der alten Apener Schinkenräucherei geschieht das genauso wie Mitte des 18. Jahrhunderts. Nachts, wenn es draußen abkühlt, wird - wie früher auf den alten Bauerndielen - die Luft eingefangen, wie Arnd Müller das nennt: Die Nachtkühle sinkt dann bis in den Reiferaum. „Nichts lässt so langsam trocknen wie die Nachtluft. Und perfekt wird es", so der „Winzer am Schweinehintern", wie Müller sich selbst nennt, „wenn so richtig schön Schietwetter ist und es am besten das ganze Jahr durchregnet. Gerade die Keulen vom Bunten Bentheimer Schwein gedeihen nun mal am besten, wenn eben die klare, nachtfeuchte Luft beim Schinken ist."

Und was passiert, wenn es mal nicht die perfekten Temperaturen gibt, in heißen Sommern oder an sehr kalten Wintertagen? Na ja, zuckt Arnd Müller mit den Achseln, da müsse man eben durch. Das Ideal-Wetter für seinen Schinken gebe es nicht, zumindest erlebe man im Ammerland schon wegen der Nordseenähe eher seltener lange Trockenzeiten. Er ergänzt: „Der Schinken braucht ja Salz, damit die Milchsäurekulturen die Reife in Gang setzen. Steigt aber während des Trocknens der Keule der Salzgehalt zu stark an, haben die tollen Reifebakterien keine Lust mehr zu arbeiten." Und genau deshalb bedürfe es der Nachtluft im Haus, vor allem aber größerer Keulen mit mehr Speck wie vom Bentheimer. „Denn das verzögert den Anstieg des Salzgehalts, sodass das Fleisch in Ruhe reifen kann. Mit alten Schweinerassen sind da auch heute noch bis zu vier aktive Reifejahre drin!"

Wäre im Hinblick auf den Klimawandel, der auch im ammerländischen Apen durch immer heißere, trockenere Sommer spürbar ist, eine Klimaanlage das Mittel der Wahl? Arnd Müller schnaubt: „Mehr als das halbe Ammerland produziert seine Schinken mittlerweile auf diese Art und Weise. Man stellt auf Temperatur und Trocknungsgrad, zack: hat man den Schinken fest und fertig! Moderne Schinken deutscher Regionen würden kein Wetter erleben, man wolle einfach besser planen und schneller trocknen, indem eine Klimakammer bei eingestellter Temperatur die eingeschlossene, dörrende Luft umrührt. „Dabei ist es wie in einer guten Ehe: Es lohnt sich, selbst bei allem Unbill, sich mit Aufmerksamkeit auf die unkontrollierten Ereignisse einzulassen. Zumindest wenn man mehr erleben will."

Ursprünglich wurde der Ammerländer Schinken von hiesigen Bauern nur für den Eigenbedarf produziert. Hierzu hängte man ihn an ein Lattengestell unter die Decke der luftigen Bauerndiele, den sogenannten Wiehm oder Wiem (Plattdeutsch), wo er im Rauch des offenen Feuers reifen konnte. „So ein Schinken war früher eine echte Delikatesse, die nicht jeden Tag auf den Tisch kam. Sollte es für die große Tafel der eigenen Silberhochzeit sein, hing der auch bis zu vier Jahre am Wiehm."

EIN STÜCK HEIMAT AUF HOHER SEE

Die erste Nachfrage bei der Apener Schinkenräucherei stellten Hamburger Seefahrer, die haltbare Lebensmittel benötigten, wenn sie auf große Fahrt gingen. Im 19. Jahrhundert zielte die gewerbliche Fertigung des damals begehrten Ammerländer Schinkens auf das wohlhabende Bürgertum der deutschen Städte. Dass der Ammerländer Schinken, wie Arnd Müller ihn heute noch herstellt, tatsächlich eine ganz besondere Köstlichkeit in der Heimat „mit viel Gegend" ist, lässt sich leicht feststellen: sich einfach mal ein vier Jahre gereiftes Schinkenscheibchen als kleines „Praliné in Deftig" gönnen oder einen zweijährigen Schinken auf leckerem Schwarzbrot vom Augustfehner Bäcker Berlinius probieren. So oder so, vielleicht noch mit einem ordentlichen „Lüttjen" dazu – einem ungekühlten! Korn, stilecht aus dem Zinnlöffel –, und man wird sich fragen, warum man jemals wieder für etwas Vergleichbares in die Ferne schweifen sollte.

Tatort Reifekammer: In Stoffbeutel gehüllt, dürfen die geräucherten Kostbarkeiten viele Monate lang entspannt abhängen

Eine fruchtbare Allianz
DAS ANGLER SATTELSCHWEIN

Frida grunzt zufrieden vor sich hin, während sie mit ihrer Nase die Munkbraruper Erde auf dem Biohof Svensteen durchwühlt. Frida ist, auch wenn sie selbst das herzlich wenig interessiert, ein schützenswertes Kulturgut. Denn die gestandene Zuchtsau ist eines der knapp 100 Angler Sattelschweine, die es überhaupt noch gibt in Deutschland. Schwarz, mit einem breiten hellen Streifen über Schulter und Vorderbeine, dem sogenannten Sattel, präsentiert sich diese Schweinerasse, die ihren Ursprung in der Region Angeln zwischen Flensburger Förde und der Schlei hat. Der Herkunft und Färbung wegen heißen sie so: Angler Sattelschweine. Mit ihrer typisch norddeutschen Historie waren sie nahezu vom Aussterben bedroht, bis beherzte Biobauern Anfang der Neunzigerjahre sich für den Erhalt der Rasse einsetzten. Geschätzt werden Frida sowie andere Zuchtsauen und -eber vor allem deshalb, weil sie so robust und stressresistent sind. Und das wirkt sich wiederum auf die Fleischqualität aus, die durch den hohen Anteil an intramuskulärem Fett ganz hervorragend ist.

Borstentiere auf dem Vormarsch: Um 1880 entwickelte sich im schleswig-holsteinischen Angeln neben der Milchviehwirtschaft die Schweinehaltung als landwirtschaftlicher Betriebszweig. Heiner Iversen, Vorsitzender des Fördervereins Angler Sattelschwein e. V., erläutert die Geschichte: „Seit dieser Zeit wurde es für die Bauern interessanter, Schweine für den Verkauf zu produzieren. Lange Zeit wurden Schweine ja nur als Nebenprodukt für den eigenen Bedarf gehalten. Die Stadtbevölkerung entwickelte sich jedoch zu einem attraktiven Absatzmarkt. Gleichzeitig entstanden auch in Schleswig-Holstein zunehmend Eisenbahnverbindungen, die den Transport von Lebendvieh über größere Strecken zuließen. Dazu kam, dass bessere Erträge aus dem Acker es ermöglichten, neben dem übrigen Vieh auch Schweine zu mästen." Die im Norden bis dahin üblichen weißen Hausschweine waren allerdings für diese Art von Mast zu langsam im Wuchs und brachten pro Wurf zu wenige Ferkel zur Welt. Deshalb suchten die Angeliter Schweinebauern nach einer Lösung: Ein kleiner Kreis von Viehzüchtern aus der Gegend von Süderbrarup, unweit von Schleswig, wurde um 1925 auf die englische Wessex-Saddleback-Rasse aufmerksam, die frühreifer und fruchtbarer war. 1926 schließlich reiste Landwirt Julius Carstensen nach England – und hatte bei seiner Rückkehr tatsächlich eine tragende Saddleback-Sau im Gepäck. Nur drei Jahre später gründeten neun Landwirte einen Verein zur Zucht des Angler Sattelschweins. Nach weiteren knapp acht Jahren waren die zweifarbigen Schönheiten als eigenständige Rasse anerkannt.

Wer suchet, der findet: Das Angler Sattelschwein hat stets die Nase am Boden

Als „Wurstschweine", insbesondere wegen ihres ordentlichen Speckanteils, waren die „Angler" jahrzehntelang ausgesprochen populär. Bis zum Speck-Schock: Als in den Sechzigerjahren zunehmend nach magerem und vor allem billigem Fleisch verlangt wurde, starb diese bis dahin so beliebte Hausschweinrasse fast komplett aus.

GERADE NOCH MAL SCHWEIN GEHABT!

Doch Rettung nahte: Mit Unterstützung der Schleswig-Holsteinischen Landesregierung bekamen die eingangs erwähnten engagierten Landwirte Anfang der Neunzigerjahre „Verstärkung" aus der ehemaligen DDR – in Form von einigen Zuchtschweinen – und gründeten besagten Förderverein. Heiner Iversen schätzt die regionaltypische Rasse sehr: „Angler sind gutmütig. Sie eignen sich deshalb gut für Haltung mit Auslauf oder auf der Weide. Vor allem stellen sie sich nicht so an beim Futter. Das ist echt praktisch, denn dadurch kann gut hofeigenes Getreide und Kleegras gefüttert werden. Kleegras ist sowieso bei Biobetrieben immer vorhanden. Und die Haltung ist ohnehin unkompliziert – leichtes Abferkeln, Milchreichtum und gute Muttereigenschaften", schwärmt der begeisterte Experte. Weil aber die Angler Sattelschweine nach wie vor so extrem gefährdet sind, logieren sie seit 2008 als Passagiere auf der 1996 von Slow Food zu Wasser gelassenen „Arche des Geschmacks". Das freut nicht nur Frida!

SLOW FOOD

Slow Food ist eine weltweite Bewegung, die sich für eine lebendige und nachhaltige Kultur des Essens und Trinkens einsetzt. Ziel ist, die biologische und geschmackliche Vielfalt zu bewahren, und das Engagement für eine verantwortliche Landwirtschaft und Fischerei, für artgerechte Tierhaltung und das traditionelle Lebensmittelhandwerk zu fördern. Die handwerkliche Tradition ist laut Slow Food das Gegenteil der heute vorherrschenden industriellen Massenherstellung, also: Vielfalt statt Masse. Die „Arche des Geschmacks", ein Projekt von Slow Food e. V., ist mit ihren Passagieren das „Rettungsboot" für bedrohte Pflanzen- und Tierarten.

Goldschürfen im Wattenmeer

DIE JAGD NACH DER NORDSEEKRABBE

NORDEN

Freundschaft fürs Leben: Krabbenfischer Nils Sander auf seinem Kutter „Uranus"

Die Einsamkeit auf dem Meer. Die Freiheit. Der Wind, der einem um die Nase weht. Nils Sander liebt all das. Schon sein Urgroßvater war Krabbenfischer, und auch er wollte nie wirklich etwas anderes sein. Vom ostfriesischen Accumersiel aus hat er mit seinem Kutter „Uranus" Kurs auf die heiß begehrten Nordseegarnelen genommen. In der Fangsaison von März bis Dezember fährt er bei fast jedem Wetter raus – insgesamt gut und gern 160 Tage. Dann wird immer 12 bis 24 Stunden gefischt und zum Schlafen zwischendurch nur für ein paar Stunden geankert. Ein echter Knochenjob ist das. Wie viele Krabben am Ende des Törns im Kühlraum lagern werden, weiß der Fischer nie. Das Beutetier: unberechenbar. Niemand vermag zu beziffern, wann und wie viele in Sand und Schlick gedeihen und wann der Wittling zuschlägt (diese Dorschart ist ihr größter natürlicher Feind). Mal läuft es super, mal nicht. Mal sind die Krabbenpreise hoch, mal im Keller. Immerhin: An guten Tagen können bis zu 800 Kilogramm zusammenkommen.

Dank seines Tiefgangs mit 1,1 bis 1,6 Meter ist der Kutter ideal für Fangfahrten im flachen Wattenmeer geeignet. Gefischt wird mit zwei Grundschleppnetzen, die seitlich des Schiffsrumpfs über Ausleger zu Wasser gelassen werden. Der Fang wird an Bord mit fließendem Wasser umspült und automatisch sortiert, während der Beifang – also alles, was nicht Krabbe ist – sofort wieder über Bord geht.

PROTEINE ZUM PULEN

Die eiweißreichen Tierchen kommen in unscheinbarem Grau aus der Sortiermaschine – ihre rotgoldene Farbe erhalten sie erst beim Kochen. Über ein Rohr rutscht der Fang danach hinab in den Kühlraum. Die Nordseegarnelen müssen fix verarbeitet werden. Sobald sie tot sind, kann man sie nicht mehr verwerten – dann strecken sie sich nicht mehr und das war's dann mit dem Pulen.

Nils Sander vermarktet seine Krabben über die Erzeugergemeinschaft der Deutschen Krabbenfischer mit Sitz in Cuxhaven. Die Krabbenfischerei mitten im Weltnaturerbe Wattenmeer ist nicht unumstritten. Die Netze rollen auf Kufen, sogenannten Baumkurren, flach über den Meeresboden und werden verantwortlich gemacht für das weitgehende Verschwinden von Seemoos, Sandkorallen und anderen festsitzenden Bodentieren. Doch für Sander sind Naturschutz und Krabbenfischerei kein Widerspruch. Seit 2019 bemühen sich die Fischer um das MSC-Siegel (Marine Stewardship Council) für eine ökologisch vertretbare Fischerei. Dabei muss die Nachhaltigkeit nachgewiesen werden, die jährlich durch unabhängige Gutachter überprüft wird. Etwa die Vorsorgemaßnahmen, indem einige Flächen freiwillig nicht befischt werden. So haben die Cuxhavener Krabbenfischer bereits beschlossen, die Maschenweiten schrittweise zu vergrößern. Mehr noch: Man wolle seltener rausfahren, wenn die Bestandsgröße der Krabben stark sinkt. Für Nils Sander ist der heutige Arbeitstag beendet. Fast. Wenn er von der Fahrt zurückkommt und an seinem angestammten Liegeplatz anlegt, heißt es: aufräumen, putzen und vorbereiten. Denn der nächste Krabbenfischzug ruft schon bald.

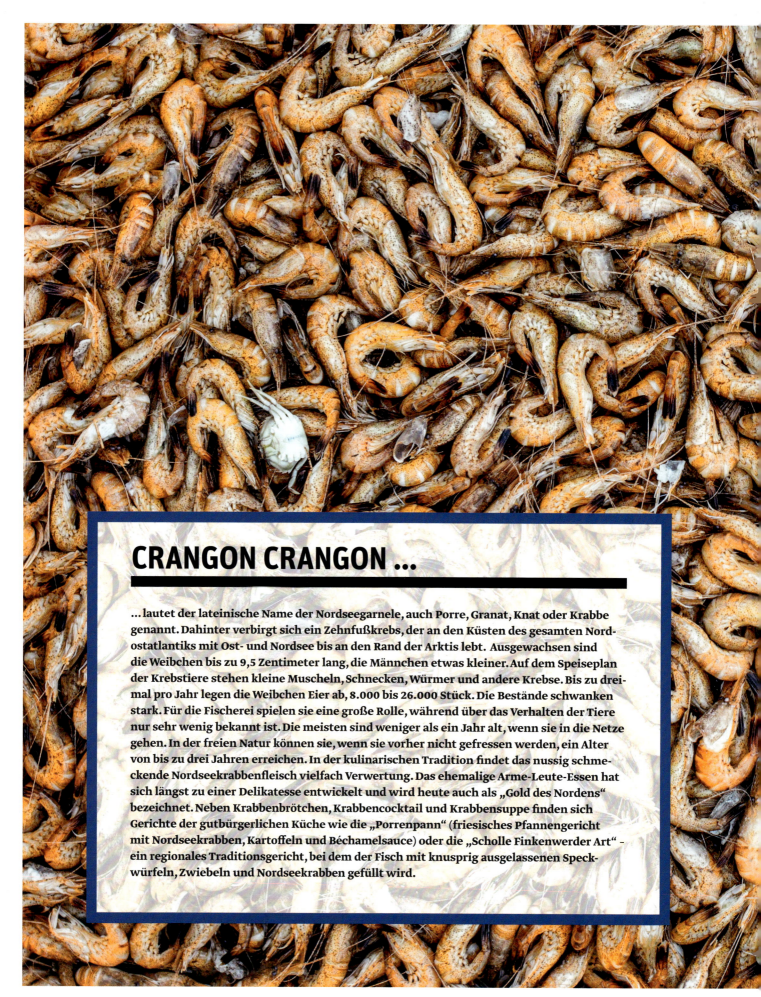

CRANGON CRANGON ...

... lautet der lateinische Name der Nordseegarnele, auch Porre, Granat, Knat oder Krabbe genannt. Dahinter verbirgt sich ein Zehnfußkrebs, der an den Küsten des gesamten Nordostatlantiks mit Ost- und Nordsee bis an den Rand der Arktis lebt. Ausgewachsen sind die Weibchen bis zu 9,5 Zentimeter lang, die Männchen etwas kleiner. Auf dem Speiseplan der Krebstiere stehen kleine Muscheln, Schnecken, Würmer und andere Krebse. Bis zu dreimal pro Jahr legen die Weibchen Eier ab, 8.000 bis 26.000 Stück. Die Bestände schwanken stark. Für die Fischerei spielen sie eine große Rolle, während über das Verhalten der Tiere nur sehr wenig bekannt ist. Die meisten sind weniger als ein Jahr alt, wenn sie in die Netze gehen. In der freien Natur können sie, wenn sie vorher nicht gefressen werden, ein Alter von bis zu drei Jahren erreichen. In der kulinarischen Tradition findet das nussig schmeckende Nordseekrabbenfleisch vielfach Verwertung. Das ehemalige Arme-Leute-Essen hat sich längst zu einer Delikatesse entwickelt und wird heute auch als „Gold des Nordens" bezeichnet. Neben Krabbenbrötchen, Krabbencocktail und Krabbensuppe finden sich Gerichte der gutbürgerlichen Küche wie die „Porrenpann" (friesisches Pfannengericht mit Nordseekrabben, Kartoffeln und Béchamelsauce) oder die „Scholle Finkenwerder Art" – ein regionales Traditionsgericht, bei dem der Fisch mit knusprig ausgelassenen Speckwürfeln, Zwiebeln und Nordseekrabben gefüllt wird.

Inselschönheit mit rauer Schale

DIE SYLTER ROYAL

Geballte Meerespower: Die Sylter Royal hat mittlerweile Kultstatus – und das nicht nur auf der Lieblingsinsel der Deutschen

Noch ein Dutzend, bitte! Die Auster gilt nicht zuletzt deshalb als Königin der Muscheln, weil ihr bekanntlich gern eine aphrodisierende Wirkung nachgesagt wird. Nun, Glaube versetzt oft Berge. Viel besser belegt ist hingegen ihr vortrefflicher Geschmack. „Die Auster für alle, die das Besondere suchen", so wirbt Dittmeyer's Austern Compagnie für ihre erlesenen Prachtstücke. Hier, in der Blidselbucht bei List am Nordende von Sylt, direkt vor der Küste, befindet sich der Aquakulturbetrieb zur Aufzucht der Pazifischen Felsenauster (Crassostrea Gigas). Im Watt gedeihen die Austern, die es als „Sylter Royal" zu einem eigenen Markennamen gebracht haben, unter strengen Auflagen in speziellen Netzsäcken, sogenannten Poches, französisch für Taschen, auf Metallgestellen, den „Tischen", die bei Flut von Meerwasser durchspült werden. Bei Ebbe rütteln die sechs Mitarbeiter der Austern Compagnie die vielen Säcke regelmäßig kräftig durch, weil die Pazifische Felsenauster zur Klumpenbildung neigt und diese Gebilde nicht vermarktet werden können. „Muschelschubsen" nennen die Nordlichter das: Um die 15 Kilogramm wiegt eine solche Poche – also nichts für schlaffe Muskeln.

Im Winterlager wandern die royalen Geschöpfe in eine Halle, genauer: in 16 Becken, durch die ständig Nordseewasser gepumpt wird. Regelmäßig wird der Wasserpegel im Becken abgesenkt, was die Auster bewegt, sich zu schließen. „Primär passiert dies, weil wir das Meerwasser austauschen müssen, um den Austern frische Nahrung zu geben", erläutert Betriebsleiter Christoffer Bohlig das Vorgehen. „Natürlich reagiert die Auster auch hierauf und schließt sich, spannt damit den Schließmuskel an, ‚trainiert' sozusagen, und hält ihn nach und nach länger geschlossen. Dies passiert genauso bei Ebbe und Flut im Aufzuchtgebiet. Vorteil hiervon ist die längere Haltbarkeit, da sie eben länger ‚dichthält'."

UND, HEUTE SCHON GESCHLÜRFT?

Clemens Dittmeyer, Sohn eines Orangensaftherstellers, begann 1986 mit der Zucht und nutzte dabei das Image der Deutschen liebster Insel. Was jedoch nur wenige wissen: Sylt kann auf eine rund 1000-jährige Austerntradition verweisen. In Holzfässer verpackt, gelangte der Gaumenschmaus einst bis zum russischen Zarenhof und an die Tafel der Preußenkönige. Fast wäre die Delikatesse aus der Gruppe der Filtertiere ein Opfer von Überfischung und gescheiterten Versuchen der Rekultivierung geworden. Doch nun gedeiht sie wieder als „Sylter Royal", wird heiß umworben und genießerisch geschlürft.

Der Nachwuchs kommt im März oder April von Irland nach Sylt – im Wattenmeer erreicht er nach drei Jahren das stolze Gewicht von etwa 90 Gramm. Die Betreiber haben hehre Ziele. Sie planen, die Austernzucht von der Aufzucht eingekaufter Setzlinge aus Irland auf eine eigene Zucht umzustellen und dabei die eigenen Ressourcen mit den vorhandenen Wildausternbeständen zu nutzen. „Hierdurch ist die Produktion nachhaltig und regional", sagt Christoffer Bohlig, „und quasi bio!"

Prinzen zum Reinbeißen

APFEL-LUST IM ALTEN LAND

Rote Backen, pralle Formen und intensive Aromen: Prachtexemplare wie diese wollen besonders behutsam gepflückt werden

INTERVIEW

Südlich von Hamburg, zwischen Buxtehude und Stade, in unmittelbarer Nähe zur Elbe, sind besondere Begegnungen mit der Aristokratie möglich: Im Alten Land residiert nicht nur der Finkenwerder Herbstprinz, auch Herzogin Olga gibt sich die Ehre. Diese alten Apfelsorten gedeihen hier genauso wie der Schöne aus Haseldorf und Herberts Renette. Adel verpflichtet. Und doch verschwinden all diese königlichen Hoheiten langsam, aber sicher vom Markt. Denn gefragt sind „Industrieäpfel", wie Eckart Brandt, passionierter Apfelkundler, sie leicht missbilligend nennt: mit glatter, glänzender Schale, ohne einen einzigen Makel. Dabei sind die historischen Sorten geschmacksintensiver und Brandt zufolge vor allem eines: Teil des kulturellen Lebens.

Ursprünglich stammt der "Urapfel" aus Zentral- und Westasien. Schon um 10.000 v. Chr. gediehen Äpfel auf dem Gebiet des heutigen Kasachstan. Ihnen verdankt die Stadt Almaty übrigens ihren Namen, denn das kasachische "Alma" bedeutet Apfel. Über die alten Handelsstraßen gelangte der Wildapfel in der Antike in den Schwarzmeerraum und wurde dort von den Griechen und Römern kultiviert.

Unsere bäuerlichen Vorfahren zogen über Jahrhunderte spezielle Apfelsorten heran, die dem hiesigen Klima und Boden besonders gut angepasst waren. An diesen historischen Sorten hängen lange Traditionen bäuerlicher Ess- und Kochgewohnheiten und des Vorratswirtschaftens. Brandt, besser bekannt als der „Apfelpapst", widmet sich dem Erhalt der regionalen Köstlichkeiten. Denn nicht zuletzt geht es auch um die Bewahrung der genetischen Vielfalt.

Herr Brandt, wie sind Sie auf den Apfel gekommen?

ECKART BRANDT: Ich bin mit den alten Sorten noch selber aufgewachsen und dann später, als ich mich ab 1983 als Bio-Obstbauer selbstständig gemacht habe, verstärkt auf sie gestoßen, als ich nach robusten, unempfindlichen und vor allem wirklich schmackhaften Apfelsorten suchte. Der „Schwund" der alten Sorten ist politisch und vom Handel so gewollt, weil man mit einem gesamteuropäischen Einheitssortiment besser und leichter Geschäfte machen kann. Diesem Wunsch des Handels wurde dann in der Politik entsprochen, indem man Rodungsprämien für Hochstammbäume mit alten Sorten auslobte – und Zuschüsse nur für moderne Niederstammplantagen zahlte.

Was macht einen „guten" Apfel aus? Welche Kriterien spielen eine Rolle?

EB: Ein richtig guter Apfel ist für mich einer mit einem ausgeprägten, markanten Charakter, einem interessanten Aroma und mit guten Eigenschaften im Anbau. Gute Eigenschaften im Anbau heißt für mich, dass Sorten verwendet werden, die von Natur aus robust, vital und nicht krankheitsempfindlich sind. Ein paar Dellen oder so tun dem Geschmack keinen Abbruch.

Wieso ist das Alte Land prädestiniert für den Anbau?

EB: Hier in der Region gibt es die besten und zugleich fruchtbaren Böden und gute klimatische Bedingungen. Das heißt, das Alte Land hat ein mildes Seeklima, was die Ausbildung von Aromen, übrigens nicht nur von Äpfeln, fördert. Es ist hier nicht zu heiß, was einseitig Süße entstehen lässt, und das Gebiet liegt nicht zu nahe an der Küste mit ihren zum Teil heftigen Winden. Es hat in der Hauptwindrichtung Südwest die Stader Geest, die etwa 30 bis 40 Meter hoch ist, als „Windschutz".

GENETISCHE VIELFALT

Was zählt, ist die Variation der genetischen Information, damit sich Kulturpflanzen und Tierarten besser an die Umweltbedingungen anpassen können. Je genetisch vielfältiger eine Population ist, desto größer ist die Wahrscheinlichkeit, dass einzelne Individuen oder Sorten an neue Bedingungen adaptiert sind und die Art als Ganzes überleben kann. Zu den neuen Umweltbedingungen zählt übrigens auch der Klimawandel.

Was macht regionale Sorten so spannend?

EB: Sie sind interessant für den Anbau in Hausgärten und Streuobstwiesen, weil sie die ganzen Pflegemaßnahmen des modernen „Pflanzenschutzes", will heißen: Chemie, nicht nötig haben. Sie müssen nicht gespritzt werden, um sie gegen Schädlingsbefall zu schützen. Das ist in jeder Hinsicht bemerkenswert!

Welche Sorten sind historisch im Alten Land angesiedelt, woher stammen sie?

EB: Aus dem Alten Land und seiner direkten Nachbarschaft stammen der Altländer sowie der Horneburger Pfannkuchen, zudem der Jakobsapfel und der Altländer Rosenapfel, Finkenwerder Herbstprinz und der Herrenapfel, nicht zu vergessen der Finkenwerder Kantapfel sowie der Francoper Prinz. Das sind alles sogenannte „Zufallssämlinge", die nicht gezielt gezüchtet wurden, sondern als Jungbäume aus weggeworfenen Apfelresten einfach so aufgewachsen sind und dann entdeckt wurden.

Wie sehen Sie die Zukunft?

EB: Durch den Klimawandel verschieben sich gerade sehr viele Rahmenbedingungen, meistens nicht zum Positiven. Da kommen jede Menge neuer Fragen und Herausforderungen auf uns zu. Mit den höheren Temperaturen ziehen nun neue tierische und pilzliche Schädlinge ins Land, die es hier zuvor nicht gab und mit denen wir erst mal umzugehen lernen müssen.

Was können Verbraucher tun?

EB: Obst aus der Region essen und ihren Obsthändler mit Fragen nach den schönen alten Sorten nerven. Die Nachfrage bestimmt schließlich das Angebot, und wenn jeder zum Industrieapfel greift, weil die so viel schöner aussehen, dann wird das nichts.

**Zu guter Letzt:
Wie essen Sie Ihren Apfel am liebsten?**

EB: Ich esse Äpfel am liebsten roh, am besten gleich vom Baum, da habe ich Geschmack und Aroma frisch und direkt. Aber so ein frisch gebackener Apfelkuchen, am besten mit Schlagsahne, ist natürlich auch immer wieder richtig lecker!

Die Zeit ist reif –
Apfelernte im Alten Land

ECKART BRANDT / geboren 1950 im niedersächsischen Zeven, ist ein deutscher Pomologe und Autor, der sich der Zucht und Erhaltung historischer Apfelsorten verschrieben hat und dadurch überregionale Bekanntheit erlangte. Im Laufe von über 30 Jahren entstand so eine mehr als 800 Sorten umfassende Sammlung, die die genetische Vielfalt dieser Früchte sichern soll. Seine ökologisch geführten Streuobstwiesen sind in Niedersachsen angesiedelt.

BUTTER BEI DIE F

REZEPTE AUS DEM NORDEN DEUTSCHLANDS

NORDEN

ISCHE

HAFENSTULLE MIT APFEL-ZWIEBEL-SCHMALZ

FÜR 4 PERSONEN

APFEL-ZWIEBEL-SCHMALZ
250 g Schweineschmalz
1 Zwiebel
1 Apfel (z. B. Finkenwerder Herbstprinz)
1 Lorbeerblatt
3 Zweige Thymian
1 Stängel Majoran
Fleur de Sel

Den Schmalz in einem Topf zerlassen. Zwiebel und Apfel schälen, in Würfel schneiden und zusammen mit dem Lorbeerblatt zum Schmalz geben. Die Würfel bei mittlerer Temperatur im Schmalz anbraten. Thymian- und Majoranblättchen abzupfen, hacken und dazugeben. Kurz mitköcheln lassen, anschließend in eine hitzebeständige Form umfüllen und auskühlen lassen. Sobald der Schmalz wieder fest wird, alles umrühren, mit Fleur de Sel würzen und das Lorbeerblatt entfernen. Abgedeckt im Kühlschrank auskühlen lassen, in Gläser füllen und gekühlt aufbewahren.

HAFENSTULLE
8 Eier
2 EL Milch
1 EL Sauerrahm +
Sauerrahm nach Bedarf
Muskatnuss
Salz, Pfeffer
4 Scheiben Mischbrot
etwas Butter
1 Bund Schnittlauch
200 g Nordseekrabbenfleisch
Apfel-Zwiebelschmalz nach Bedarf

Die Eier in einer Metallschale verquirlen. Milch und Sauerrahm unterrühren und mit geriebener Muskatnuss, Salz und Pfeffer abschmecken. Die Rühreimasse in einen Beutel füllen und im vorgeheizten Wasserbad bei 75 °C etwa 20 Minuten garen. Die Brotscheiben buttern und mit klein geschnittenem Schnittlauch bestreuen. Das Rührei aus dem Beutel nehmen und umrühren. Die Brotscheiben mit dem Apfel-Zwiebel-Schmalz bestreichen, das Rührei darauf verteilen und mit dem Krabbenfleisch servieren.

GRÜNKOHLTARTE MIT PINKEL

FÜR 4 PERSONEN

MÜRBETEIG
150 g Butter + Butter zum Einfetten
300 g Mehl
1 Ei
1 EL Dijon-Senf
1 Prise Salz

Die Butter würfeln und mit dem Mehl in einer Schüssel verkneten. Ei, Senf und Salz zugeben und zügig zu einem glatten Teig verkneten. Den Teig in Folie einwickeln und etwa 1 Stunde im Kühlschrank ruhen lassen. Den Backofen auf 180 °C Ober- und Unterhitze vorheizen. Den Teig kurz durchkneten und auf einer bemehlten Arbeitsfläche etwas größer als die Tarteform ausrollen. Die Form buttern und mit dem Teig auskleiden. Überstehenden Teig abschneiden und den Rand andrücken. Mit einer Gabel den Boden einstechen und im Ofen 12 Minuten vorbacken. Herausnehmen und auskühlen lassen.

GRÜNKOHLTARTE MIT PINKEL
400 g Grünkohl
Salz
1 Zwiebel
1 EL Schmalz
Pfeffer
50 g Bergkäse
250 ml Sahne
4 Eier
Muskat
200 g Pinkel

Die dicken Blattrippen der Grünkohlblätter entfernen, Blätter waschen und trocken schleudern. Blätter in Streifen schneiden und in kochendem Salzwasser etwa 2 Minuten blanchieren, anschließend in eiskaltem Wasser abschrecken. In ein Sieb geben, ausdrücken und abtropfen lassen. Zwiebel schälen und in feine Würfel schneiden. Schmalz in einer Pfanne erhitzen und die Zwiebelwürfel darin anbraten. Grünkohl zugeben und weich dünsten. In ein Sieb geben und gut abtropfen lassen. Mit Salz und Pfeffer würzen und auskühlen lassen. Den Backofen auf 180 °C Ober- und Unterhitze vorheizen. Käse auf einer Küchenreibe raspeln. Sahne, Eier und Käse verrühren. Die Masse mit Salz, Pfeffer und Muskatnuss würzen. Den ausgekühlten Grünkohl mit der Eier-Sahne-Mischung vermischen und auf dem Tarteboden verteilen. Pinkel in Scheiben schneiden und auf der Tarte verteilen. Im Backofen etwa 30–40 Minuten backen, bis die Masse gestockt ist. Tarte herausnehmen und auf einem Kuchengitter etwas auskühlen lassen. Anschließend aus der Form lösen und in Stücke schneiden.

GLÜCKSTÄDTER MATJESSALAT MIT ROTE BETE UND SAUERRAHM

FÜR 4 PERSONEN

EINGELEGTER HERING
1 Karotte
1–2 Stangen Staudensellerie
2 Zwiebeln
200 ml Riesling
100 ml heller Balsamico
2 Bund Dill
1 TL Pimentkörner
4 Lorbeerblätter
1 TL Senfkörner
1 TL weiße Pfefferkörner
1 TL Koriander
6 TL Zucker
2 TL Salz
8 Heringsfilets

Karotte, Sellerie und Zwiebeln putzen und klein schneiden. Riesling mit Essig, Gewürzen und dem klein geschnittenen Gemüse aufkochen und etwas abkühlen lassen. Die Heringsfilets in ein Einmachglas schichten und die lauwarme Marinade über die Heringe geben. Das Glas kühl stellen und mindestens 24 Stunden ziehen lassen.

MATJESSALAT
1 Bund Rote Bete
½ TL Kümmel
1 Bund Petersilie
4 rote Zwiebeln
2 Gewürzgurken
8 eingelegte Heringsfilets
6 EL Rotweinessig
Salz
8 EL Traubenkernöl
1 TL Wacholderbeeren
2 Äpfel
1 Bund Dill
1 EL schwarze Pfefferkörner
6 Lorbeerblätter
150 g Sauerrahm

Die Rote Bete mit Kümmel und Petersilienstängeln in Salzwasser weich kochen. Herausnehmen, kalt abspülen und schälen. Die Zwiebeln schälen und in Ringe schneiden. Die Gewürzgurken und die Rote Bete in Scheiben schneiden. Essig und Salz miteinander verrühren und das Öl unter Rühren einlaufen lassen. Dann die Wacholderbeeren zerstoßen und zugeben. Die Äpfel schälen und in Scheiben schneiden. Rote Bete, Zwiebeln und Gewürzgurken zusammen mit den Apfelscheiben in eine Schüssel geben und mit dem Dressing vermischen. Den Dill zupfen und mit den Pfefferkörnern und den Lorbeerblättern untermischen. Den Salat für etwa 1 Stunde kühl stellen. Vor dem Servieren die Lorbeerblätter aus dem Salat entfernen und den Salat auf Teller verteilen. Die Heringsfilets aus der Marinade nehmen und auf dem Salat anrichten. Mit Sauerrahm servieren.

LABSKAUS VON PASTRAMI UND RÄUCHERAAL MIT POCHIERTEM EI

FÜR 4 PERSONEN

BBQ-RUB
6 g schwarze Pfefferkörner
24 g Meersalz
3 g rosenscharfes Paprikapulver
2 g brauner Zucker
2 g Pimentkörner
2 g Koriandersamen
1 g getrockneter Rosmarin
1 g getrockneter Thymian
1 g Cayennepfeffer
1 g Knoblauchgranulat

Pfeffer in einen Mörser geben und zerstoßen. Die restlichen Gewürze untermischen, die Gewürzmischung in geeignete Behälter füllen und luftdicht verschlossen aufbewahren.

PASTRAMI
20 g Pfefferkörner
1 EL Koriandersamen
50 g Zucker
1 Msp. gemahlener Kreuzkümmel
1 TL Knoblauchgranulat
1 TL Zwiebelgranulat
40 g Pökelsalz
1 kg küchenfertige Rinderbrust
BBQ-Rub

Pfeffer und Koriandersamen in einem Mörser zerstoßen, mit den restlichen Gewürzen (außer dem Rub) und dem Pökelsalz vermischen. Die Pökelmischung von beiden Seiten gleichmäßig auf der Rinderbrust verteilen und in einem geeigneten Beutel vakuumieren. Im Kühlschrank 4 Tage ziehen lassen, den Beutel täglich wenden. Das fertig gepökelte Fleisch aus dem Beutel nehmen und unter fließend kaltem Wasser abspülen. Danach noch für eine Stunde wässern und dabei alle 15 Minuten das Wasser erneuern. Das Fleisch abtropfen lassen und mit Küchenpapier trocken tupfen. Anschließend großzügig mit dem Rub einreiben und ziehen lassen. In der Zwischenzeit den Smoker auf indirekte Hitze (110–120 °C) vorbereiten und Räucherchips zugeben. Das Fleisch in den Smoker legen und auf eine Kerntemperatur von 68 °C garen. Anschließend vom Rost nehmen und auskühlen lassen.

LABSKAUS
1 rote Zwiebel
100 ml Rotweinessig
350 g Rote Bete
Salz
4 Stängel Petersilie
800 g mehligkochende Kartoffeln
320 g küchenfertige Räucheraalfilets ohne Haut
10 Cornichons
250 g Pastrami
2 EL Butter
3 EL vom Gurkenwasser der Cornichons
Pfeffer
Muskatnuss
4 gekühlte Eier
3 EL Weißweinessig

Den Backofen auf 50 °C Ober- und Unterhitze vorheizen. Die Zwiebel schälen, in feine Ringe schneiden und im Rotweinessig etwa 1 Stunde einlegen. Die Rote Bete waschen und mit der Schale in kochendem Salzwasser ca. 45 Minuten weich garen. Danach abschütten, schälen und grob schneiden. Die Petersilienblätter abzupfen und fein hacken. Die Kartoffeln schälen und in kochendem Salzwasser etwa 25 Minuten weich garen. Anschließend abschütten, ausdampfen lassen und mit einem Kartoffelstampfer zerdrücken. Den Räucheraal in gleich große Stücke schneiden und auf einen Teller legen. Mit Klarsichtfolie abdecken und im Backofen etwa 30 Minuten erwärmen. 6 Cornichons zusammen mit der Pastrami und der Roten Bete durch die grobe Scheibe eines Fleischwolfs lassen und unter die gestampften Kartoffeln mischen. Die Masse mit der Butter in einer Pfanne erwärmen und mit dem Gurkenwasser, Salz, Pfeffer und Muskat abschmecken. Für die Eier einen Topf mit 1,5 l Wasser aufkochen und den Weißweinessig einrühren. Das Essigwasser bei etwa 80 °C halten. Die Eier jeweils in eine Tasse schlagen und nacheinander vorsichtig in das Essigwasser gleiten lassen. Die Eier darin etwa 3–4 Minuten pochieren. Mit einem Schaumlöffel herausnehmen und auf Küchenpapier abtropfen lassen. Labskaus mittig auf einem Teller anrichten und jeweils ein pochiertes Ei, eingelegte Zwiebelringe und fein gehackte Petersilie darauf verteilen. Die restlichen Cornichons fächerförmig aufschneiden und zusammen mit dem Aal zum Labskaus servieren.

HOLSTEINISCHE KARTOFFELSUPPE MIT BÜSUMER KRABBEN

FÜR 4 PERSONEN

1 Zwiebel
1 Knoblauchzehe
2 Baconscheiben
2 Zweige Thymian
800 g Kartoffeln
2 EL Pflanzenöl
1 EL Butter
1 Lorbeerblatt
Salz, Pfeffer
Muskatnuss
200 ml trockener Weißwein
550 ml Gemüsebrühe
200 ml Sahne
2 Stangen Frühlingslauch
2 Stängel Dill
Schmand nach Bedarf
80 g Nordseekrabbenfleisch

Zwiebel und Knoblauch schälen und würfeln. Den Bacon ebenfalls in Würfel schneiden. Thymianblättchen abzupfen und fein hacken. Die Kartoffeln schälen und grob würfeln. Das Öl und die Butter in einem Topf erhitzen. Die Zwiebeln und den Speck darin anbraten. Thymian, Knoblauch, Lorbeerblatt und Kartoffelwürfel zugeben und anbraten. Mit Salz, Pfeffer und Muskat würzen. Mit dem Weißwein ablöschen und mit der Brühe aufgießen. Bei mittlerer Hitze kochen, bis die Kartoffeln weich sind, dann die Sahne zugeben und nochmals 2 Minuten köcheln lassen. Anschließend die Suppe mit einem Pürierstab mixen und mit Salz, Pfeffer und Muskat abschmecken. Frühlingslauch putzen und in feine Ringe schneiden. Dillspitzen abzupfen und hacken. Die Suppe mit Schmand, Krabbenfleisch und Dill garniert servieren.

SCHOLLE FINKENWERDER ART MIT MARKBUTTER

FÜR 4 PERSONEN

MARKBUTTER
160 g Rindermark aus dem Knochen gelöst
100 g zimmerwarme Butter
2 Zweige Thymian
1 Zweig Rosmarin
3 Zweige glatte Petersilie
Salz
Pfeffer

Das Rindermark in einen Topf geben und langsam auslassen. Danach durch ein feines Sieb gießen und auskühlen lassen. Die Kräuter waschen, trocknen und von den Stielen zupfen. Alle Kräuter fein hacken. Das ausgekühlte Mark ebenfalls klein hacken. Die weiche Butter mit einem Rührbesen in der Küchenmaschine aufschlagen und das Mark sowie die Kräuter unterheben. Kräftig mit Salz und Pfeffer abschmecken und mithilfe von Pergamentpapier zu einer gleichmäßigen Rolle formen und mindestens 3 Stunden kalt stellen. Zum Servieren in Scheiben schneiden.

SCHOLLE FINKENWERDER ART
150 g geräucherter Speck
2 Zwiebeln
6 EL Pflanzenöl
4 küchenfertige Schollen
Zitronensaft
Salz, Pfeffer
Weizenmehl zum Wenden
4 EL Butter zum Braten
Dillspitzen
4 Zitronenspalten

Speck in Würfel schneiden. Die Zwiebeln schälen und ebenfalls würfeln. 2 EL Pflanzenöl in einem Topf oder einer Pfanne erhitzen und den Speck knusprig braten. Dann die Zwiebeln zugeben und mitbraten. In ein Sieb geben und dabei das Fett auffangen. Die Scholle unter fließend kaltem Wasser abspülen und mit Küchenpapier trocken tupfen. Innen und außen mit Zitronensaft, Salz und Pfeffer würzen. Die Fische gleichmäßig im Mehl wenden, überschüssiges Mehl abklopfen. Zwei große Pfannen erhitzen und jeweils 1 EL Butter und 2 EL des aufgefangenen Speckfetts darin zerlassen. Die Fische bei mittlerer Hitze goldbraun braten. Die Markbutter in Scheiben schneiden und mit den Schollen, den Speckzwiebeln, Dill und Zitronenspalten servieren.

SCHNÜSCH MIT HOLSTEINER KÜSTENSCHINKEN

FÜR 4 PERSONEN

250 g kleine festkochende Kartoffeln
Salz
1 TL Kümmel
1 Kohlrabi (etwa 450 g)
200 g Karotten
150 g Stangenbohnen
200 g Saubohnenkerne
200 g TK-Erbsen
1 Zwiebel
½ Bund Petersilie
200 g Holsteiner Katenschinken
50 g Butter
1 EL Pflanzenöl
25 g Weizenmehl
600 ml Milch
200 ml Sahne
Pfeffer

Kartoffeln mit Schale in einen Topf geben, mit Wasser auffüllen sowie Salz und Kümmel zugeben. Kartoffeln bissfest kochen. Kohlrabi und Karotten schälen und in Würfel schneiden. Die Kartoffeln abschütten und bis zur Weiterverarbeitung warm halten. Die Stangenbohnen putzen und dritteln. Die Bohnenkerne für 30 Sekunden in kochendes Wasser geben, danach in Eiswasser abschrecken und aus der Haut pellen. Die Karotten- und Kohlrabiwürfel in kochendes Salzwasser geben. Nach 4 Minuten Kochzeit alle Bohnen und die Erbsen zugeben und alles weitere 4 Minuten kochen. Anschließend das Gemüse herausnehmen, in Eiswasser abschrecken und in einem Sieb abtropfen lassen. Die Brühe vom Gemüse aufheben. Zwiebel schälen und fein würfeln. Die Petersilie grob hacken. Den Schinken in Streifen schneiden. Die Butter und das Öl in einem Topf erhitzen und die Zwiebelwürfel darin anschwitzen. Dann das Mehl einrühren und mit Milch und Sahne aufgießen. Die Flüssigkeit unter Rühren aufkochen. Etwas von der Brühe einrühren, bis die Suppe eine sämige Konsistenz hat. Mit Salz und Pfeffer abschmecken. Die Kartoffeln pellen, in Scheiben schneiden und mit dem gegarten Gemüse in die Suppe geben. Den Eintopf mit Salz und Pfeffer abschmecken. Den Schnüsch in Schüsseln anrichten.

MAISCHOLLE MIT KRABBENSAUCE

FÜR 4 PERSONEN

4 Schalotten
1 Bund Petersilie
4 küchenfertige Maischollenfilets mit Haut
Salz, Pfeffer
4 EL Weizenmehl
4 EL Pflanzenöl
100 g Butter +
2 EL Butter zum Braten
500 ml Tomatensaft
4 Scheiben entrindetes Toastbrot
20 ml Sahne
240 g Krabbenfleisch

Die Schalotten schälen und würfeln. Die Petersilie fein hacken. Die Schollen mit Salz und Pfeffer würzen. Das Mehl in eine Schale geben und die Schollen darin wenden. Das Öl in einer Pfanne erhitzen und die Schollenfilets von beiden Seiten goldgelb braten. Das Öl abgießen und die Butter zugeben. Die Schollenfilts mit der zerlassenen Butter übergießen, herausnehmen und bis zum Servieren warm halten. Die Schalotten in der zerlassenen Butter anbraten. Mit Tomatensaft ablöschen und etwas reduzieren lassen. Die Sahne schlagen. Die Toastbrotscheiben jeweils vierteln und in der restlichen Butter anbraten. Die Sauce mit Salz, Pfeffer und Petersilie abschmecken und die Krabben zugeben. Die Scholle mit dem Tomaten-Krabben-Fond auf Tellern anrichten und die Sahne darüber träufeln. Mit den Toastbrotecken servieren.

KABELJAU VON DER PLANKE MIT GRÜNKOHL UND SPECKCHIPS

FÜR 4 PERSONEN

GRÜNKOHL UND SPECKCHIPS
1 kg Grünkohl
8 dünne Scheiben gepökelter Bauchspeck
2 kleine Zwiebeln
50 g Bacon
2 EL Schweineschmalz
Salz, Pfeffer
200 ml Gemüsebrühe

KABELJAU VON DER PLANKE
750 g Kabeljauloins mit Haut (dicke Stücke des Rückenfilets)
1 Knoblauchzehe
1 EL Honig
1 EL Senf
1 EL Sojasauce
120 ml Rapsöl
Cayennepfeffer
Salz, Pfeffer

Grünkohl putzen, Strunk entfernen und die Blätter grob hacken. In kochendem Salzwasser etwa 1 Minute blanchieren, in kaltem Wasser abschrecken und abtropfen lassen. Den Backofen auf 160 °C Ober- und Unterhitze vorheizen. Eine Silikonmatte auf ein Backblech legen, die Speckscheiben darauf verteilen und mit einer zweiten Matte beschweren. Im Ofen etwa 15 Minuten kross backen. Auf Küchenkrepp abtropfen und auskühlen lassen. Die Zwiebeln schälen und fein würfeln. Bacon ebenfalls in Würfel schneiden. Schmalz in einem Topf erhitzen und die Bacon- und Zwiebelwürfel darin anbraten. Grünkohl dazugeben und mitbraten. Mit Salz und Pfeffer würzen und mit der Gemüsebrühe ablöschen. Bei geschlossenem Deckel etwa 8–10 Minuten weich garen. Mit Salz und Pfeffer abschmecken.

Ein Räucherbrett 2 Stunden vor dem Grillen in Wasser einweichen. Den Grill für direkte (200 °C) und indirekte Hitze vorbereiten. Die Fischfilets unter kaltem Wasser abspülen, mit Küchenpapier trocken tupfen und in vier Portionen schneiden. Die Knoblauchzehe mit dem Messerrücken andrücken und schälen. Mit Honig, Senf, Sojasauce und Öl in ein hohes Gefäß geben und mit einem Pürierstab mixen. Die Marinade mit Cayennepfeffer und Salz abschmecken. Das Räucherbrett nach dem Einweichen kurz unter fließendem Wasser abspülen, abtropfen lassen und bei direkter Hitze einige Minuten auf den Grillrost legen, bis es anfängt zu knacken und zu rauchen. Den Kabeljau mit Salz und Pfeffer würzen und mit der Hautseite nach unten auf das Räucherbrett legen. Das Räucherbrett in die indirekte Zone schieben und bei geschlossenem Deckel 4 Minuten garen. Danach den Kabeljau mit der Marinade bepinseln und in der indirekten Zone auf eine Kerntemperatur von 52 °C garen. Kabeljaufilets mit Grünkohl und Speckchips servieren.

REHBULETTEN MIT WACHTELEI UND DITHMARSCHER SPITZKOHLSALAT

FÜR 4 PERSONEN

DITHMARSCHER SPITZKOHLSALAT
1 kg Spitzkohl
1 EL Salz
1 EL Zucker
Pfeffer
50 g Walnusskerne
1 mittelgroße Zwiebel
½ Bund Petersilie
40 g getrocknete Cranberrys
50 ml Weißweinessig
100 ml Rapsöl

Spitzkohl halbieren, den Strunk entfernen und in feine Streifen schneiden oder hobeln. Mit Salz, Zucker und einer Prise Pfeffer vermischen und gut durchkneten. Den Kohl etwa 30 Minuten ziehen lassen. Walnüsse in einer fettfreien Pfanne rösten, abkühlen lassen und grob hacken. Zwiebel schälen und in feine Würfel schneiden. Petersilie fein hacken und Cranberrys klein schneiden. Den Spitzkohl in einem Sieb ausdrücken und mit den Zutaten sowie Essig und Öl vermischen. Den Kohlsalat mit Salz, Zucker und Pfeffer abschmecken.

REHBULETTEN
300 g Rehkeulenfleisch ohne Knochen
100 g Baconscheiben
100 g Schweinenacken
100 g getrocknetes Brötchen
150 ml Sahne
130 ml Milch
3 Schalotten
1 Knoblauchzehe
1 Zweig Rosmarin
2 Zweige Thymian
2 Eier
1 Eigelb
1 ½ TL Senf
Salz, Pfeffer
Muskatnuss
Pflanzenöl
1 EL Butter
4 Wachteleier

Ofen auf 150 °C Ober- und Unterhitze vorheizen. Das Rehfleisch zusammen mit den Baconscheiben und dem Schweinenacken durch die mittlere Scheibe des Fleischwolfs lassen und kalt stellen. Brötchen in Würfel schneiden, Sahne und Milch erhitzen, über die Brötchenwürfel gießen und durchmischen. Schalotten und Knoblauch schälen, in feine Würfel schneiden und in etwas Pflanzenöl glasig anschwitzen. Schalotten und Knoblauch zur Brötchenmischung geben und untermischen. Rosmarin und Thymian waschen, trocknen und die Blätter bzw. Nadeln abzupfen und fein hacken. Das gewolfte Fleisch mit der Brötchen-Schalotten-Mischung, Eiern, Eigelb, Senf und den Kräutern in einer Schüssel gut durchkneten. Mit Salz, Pfeffer und Muskat würzen. Die Masse zu 4 gleich großen Buletten formen. Pflanzenöl und Butter in einer Pfanne erhitzen und die Buletten von beiden Seiten anbraten. Die Buletten auf ein Backblech legen und im Ofen etwa 8 Minuten fertig garen. Dann die Wachteleier aufschlagen, bei niedriger Temperatur in einer Pfanne braten und mit Salz würzen. Buletten auf dem Spitzkohlsalat anrichten und mit dem Wachtelei servieren.

CHILI VOM DEICHLAMM MIT WURZELGEMÜSE UND KARTOFFELN

FÜR 4 PERSONEN

ÜBERSEE-WÜRZMISCHUNG
FÜR 55 GRAMM GEWÜRZMISCHUNG
4 TL Pfefferkörner
2 Gewürznelken
1 EL Kardamomkapseln
1 TL Kreuzkümmelsamen
4 TL gemahlener Cayennepfeffer
1 TL gemahlener Zimt
1 TL gemahlener Koriander
1 TL gemahlene Muskatnuss

Pfeffer, Nelken, Kardamom und Kreuzkümmel in einen Mörser geben und zerstoßen. Die restlichen Gewürze untermischen und die Gewürzmischung in ein passendes Gefäß füllen. Luftdicht verschlossen aufbewahren.

CHILI VOM DEICHLAMM
1,2 kg Keule vom Deichlamm ohne Knochen
3 Knoblauchzehen
3 rote Zwiebeln
3 Schalotten
200 g Karotten
200 g Pastinaken
300 g Tomaten
250 g Kartoffeln
1 Chilischote
3 Zweige Thymian
2 Zweige Rosmarin
Pflanzenöl zum Braten
1 TL Übersee-Gewürzmischung + etwas zum Abschmecken
300 ml Rotwein
500 ml passierte Tomaten
250 ml Fleischbrühe
Salz und Pfeffer
Abrieb von 1 unbehandelten Zitrone
Speisestärke nach Bedarf
4 EL Schmand
½ Schale Gartenkresse

Backofen auf 150 °C Ober- und Unterhitze vorheizen. Das Fleisch in 2 x 2 cm große Würfel schneiden. Knoblauch, Zwiebeln und Schalotten schälen und in grobe Stücke schneiden. Karotten und Pastinaken schälen und in etwa 2 x 2 cm große Stücke schneiden. Tomaten vom Strunk befreien, Kartoffeln schälen und beides ebenfalls in gleichgroße Stücke schneiden. Chilischote der Länge nach halbieren, Kerne und weiße Innenhäute entfernen und die Schote klein schneiden. Rosmarinadeln fein hacken, Thymianblättchen von den Zweigen zupfen. Öl in einem Bräter erhitzen und das Fleisch gleichmäßig anbraten. Sobald das Fleisch angebraten ist, Knoblauch, Zwiebeln und Schalotten dazugeben und etwa 5 Minuten mitbraten. Dann das Gemüse zum Schmorgericht geben und ebenfalls mitbraten. Anschließend Tomaten und Kartoffeln zusammen mit den Kräutern und 1 TL der Gewürzmischung zugeben. Alles kurz anbraten und mit Rotwein ablöschen. Flüssigkeit etwas einkochen lassen, mit den passierten Tomaten und der Fleischbrühe auffüllen, aufkochen lassen und bei geschlossenem Deckel etwa 45 Minuten im Backofen schmoren, bis das Fleisch weich ist. Zum Schluss mit Salz, Pfeffer sowie Zitronenabrieb und der Gewürzmischung abschmecken. Bei Bedarf etwas Speisestärke mit kalter Flüssigkeit verrühren und das Chili damit zur gewünschten Konsistenz binden. Chili mit Schmand und Kresse servieren.

KEULEN VON DER DIEPHOLZER GANS

FÜR 4 PERSONEN

1 EL Zucker
200 ml Rotwein
200 ml Portwein
100 ml Balsamico
2 EL Honig
½ Zimtstange
1 cm Ingwer
1 Sternanis
Salz, Pfeffer
1 Zwiebel
4 küchenfertige Keulen
der Diepholzer Gans
Salz, Pfeffer
edelsüßes Paprikapulver
5 Stängel Beifuß
3 EL Pflanzenöl
200 ml Orangensaft
50 g kalte Butter

Für die Sauce den Zucker in einen Topf geben und schmelzen lassen. Mit Rotwein, Portwein und Balsamico ablöschen. Den Honig und die Gewürze zufügen und alles einmal aufkochen. Die Flüssigkeit auf die Hälfte reduzieren und die Sauce zur Seite stellen. Den Backofen auf 180 °C Ober- und Unterhitze vorheizen. Zwiebel schälen, halbieren und in Scheiben schneiden. Die Gänsekeulen waschen, trocken tupfen und kräftig mit Salz, Pfeffer und Paprika würzen. Beifuß und Zwiebelscheiben auf einem Backblech verteilen, mit dem Öl beträufeln und die Gänsekeulen darauflegen. 100 ml heißes Wasser zugießen. Die Gänsekeulen etwa 90 Minuten garen, herausnehmen und abgedeckt warm halten. Die Sauce durch ein Sieb gießen. In einem Topf erhitzen und den Orangensaft zugießen. Die Sauce mit einem Pürierstab aufmixen und die kalte Butter stückweise unterrühren. Zum Schluss nochmals mit Salz und Pfeffer abschmecken. Die Gänsekeulen mit der Sauce anrichten.

SPECK UND KLÜTEN

FÜR 4 PERSONEN

1 Steckrübe (etwa 700 g)
700 g Karotten
1,5 kg Kartoffeln
1 Eisbein
4 Mettenden
4 Scheiben geräucherter Bauchspeck
1 EL Pfefferkörner
1 EL Wacholderbeeren
3 Lorbeerblätter
700 g Weizenmehl
3 Eier
1 Prise Salz
250 ml Milch
Speisestärke nach Bedarf

Steckrübe und Karotten schälen und in grobe Stücke schneiden. Kartoffeln schälen und in einen Topf mit Salzwasser geben. Das Eisbein unter kaltem Wasser abspülen und zusammen mit den Würsten, dem Speck und dem Wurzelgemüse in einen ausreichend großen Topf geben. Die Pfefferkörner, Wacholderbeeren und Lorbeerblätter in ein Gewürzsäckchen oder einen Teebeutel geben und mit Küchenschnur verschließen. Den Topf mit Wasser auffüllen, das Gewürzsäckchen zugeben und alles bei mittlerer Temperatur etwa 2–2,5 Stunden köcheln lassen. Die Kartoffeln 40 Minuten vor Ende der Kochzeit aufstellen und bissfest kochen. Abschütten, ausdampfen lassen und etwa 300 g Kartoffeln für die Klüten zerdrücken. Mehl, Eier, Salz und die zerdrückten Kartoffeln mit der Milch verrühren, bis sich eine klebrige Masse bildet. Fleisch und Gemüse aus dem Topf nehmen und warm halten. Aus der Klütenmasse esslöffelgroße Portionen abstechen und im Kochsud gar ziehen lassen. Sobald die Klüten an der Oberfläche schwimmen, herausnehmen und warm stellen. Nach Bedarf etwas Stärke mit kaltem Wasser verrühren und den Kochsud damit andicken. Das Ganze kurz aufkochen lassen und mit Salz und Pfeffer abschmecken. Kartoffeln, Gemüse und Klüten zusammen mit der Sauce, dem Fleisch und den Mettwürsten servieren.

BREMER KÜKENRAGOUT

FÜR 4 PERSONEN

2 Karotten
¼ Sellerieknolle
1 Lauch
1 Zwiebel
1 Kalbszunge
2 küchenfertige Kalbsbriese
250 g Hackfleisch vom Kalb
1 Eigelb
Salz, Pfeffer
2 küchenfertige Stubenküken
100 g Spargel
100 g Erbsen
100 g Champignons
50 g Butter
+ Butter zum Braten
125 ml trockener Weißwein
2–3 EL Weizenmehl
125 ml Sahne
200 g gepulte Krebsschwänze
Zitronensaft nach Bedarf

Gemüse putzen, schälen und grob klein schneiden. Die Zunge mit dem Gemüse bei mittlerer Hitze etwa 2–3 Stunden weich kochen. Die Zunge herausnehmen, abkühlen lassen und häuten. Anschließend in Würfel schneiden und die Brühe zur Seite stellen. Die Briese in kaltem Wasser wässern und kurz in kochender Brühe blanchieren. Herausnehmen, abkühlen lassen, von Adern und Häuten befreien und in kleine Stücke schneiden. Das Hackfleisch mit 1 Eigelb verrühren und mit Salz und Pfeffer abschmecken. Aus der Hackmasse kleine Klöße formen und in der heißen Brühe gar ziehen lassen. Herausnehmen und auf Küchenpapier abtropfen lassen. Anschließend die Stubenküken etwa 45 Minuten in der Brühe garen und anschließend in der Brühe abkühlen lassen. Die Küken herausnehmen, die Brühe durch ein Sieb geben und abkühlen lassen. Die Küken häuten und das Fleisch in kleine Stücke schneiden. Spargel schälen, putzen und in Salzwasser bissfest garen. Herausnehmen und grob klein schneiden. Die Erbsen blanchieren und in einem Sieb abtropfen lassen. Die Champignons putzen und in Scheiben schneiden. Champignons in einer heißen Pfanne in Butter anbraten, mit dem Weißwein ablöschen, etwas einkochen lassen und zur Seite stellen. Dann die restliche Butter in der Pfanne zerlassen, das Mehl einrühren und leicht bräunen lassen. 500 ml der Hühnerbrühe sowie die Sahne zugeben und unter Rühren etwa 15 Minuten köcheln lassen. Kalbsbries in heißer Butter von allen Seiten anbraten und zur Sauce geben. Gemüse, Geflügel- und Krebsfleisch unterrühren und in der Sauce warm werden lassen. Mit Salz, Pfeffer und Zitronensaft abschmecken. Das Kükenragout zu Reis servieren.

BEEF! 71

MECKLENBURGER RIPPENBRATEN

FÜR 4–6 PERSONEN

2 kg Rippenstück vom Schwein mit Schwarte
200 g Backpflaumen
100 g getrocknete Aprikosen
1–2 Zwiebeln
2 säuerliche Äpfel
660 ml Malzbier
700 ml Fleischbrühe
Salz, Pfeffer

Den Backofen auf 170 °C Umluft vorheizen. Die Schwarte kreuzförmig einschneiden und eine Tasche in das Fleisch schneiden. Pflaumen und Aprikosen klein schneiden. Zwiebel schälen und würfeln. Äpfel schälen, Kerngehäuse entfernen und Äpfel ebenfalls würfeln. Äpfel- und Zwiebelwürfel mit den Backpflaumen und Aprikosen vermischen und die Tasche mit drei Vierteln der Masse füllen. Die Öffnung mit einem kleinen Spieß oder Zahnstocher verschließen, die Fleischoberfläche salzen und die Schwarte mit Salz einreiben. Den Braten mit der Schwarte nach unten in ein tiefes Backblech geben und etwa 45 Minuten garen. Anschließend mit der Schwarte nach oben weitere 45 Minuten garen. Die restliche Füllung in das Backblech geben und weitere 10 Minuten garen. Anschließend Malzbier und Fleischbrühe zugießen und alles für weitere 40 Minuten garen. Dann den Braten aus dem Ofen und vom Backblech nehmen und abgedeckt warm stellen. Die Bratenflüssigkeit in ein hohes Gefäß geben und mit einem Pürierstab pürieren. Sauce in einen Topf geben, etwas einkochen lassen und mit Salz und Pfeffer würzen. Den Braten in Scheiben schneiden und z. B. mit Rotkohl und Salzkartoffeln servieren.

USEDOMER FISCHTÜFTEN

FÜR 4 PERSONEN

600 g Kartoffeln
200 g Petersilienwurzel
1 Zwiebel
Salz
2 Lorbeerblätter
6 Pimentkörner
½ Bund Petersilie
125 g Speck
100 ml Sahne

Kartoffeln, Petersilienwurzel und Zwiebel schälen und grob klein schneiden. In Salzwasser aufkochen, Lorbeerblätter und Piment zugeben und das Gemüse bissfest garen. In der Zwischenzeit die Petersilienblätter abzupfen und fein hacken. Den Speck würfeln und in einer heißen Pfanne knusprig braten. Das gekochte Gemüse abgießen und das Kochwasser auffangen. Lorbeerblätter und Piment entfernen und das Gemüse grob stampfen. Die Sahne unter den Brei rühren und so viel Kochwasser zugeben, bis die gewünschte Konsistenz erreicht ist. Dann die Petersilie unterrühren und mit den Speckwürfeln bestreut servieren.

KRAUTSTRUDEL MIT KRÄUTERSCHMAND

FÜR 4 PERSONEN

KRÄUTERSCHMAND
½ Bund Schnittlauch
½ Bund Petersilie
½ Bund Kerbel
300 g Schmand
100 g Crème fraîche
Salz, Pfeffer
Abrieb und Saft 1 Zitrone

Den Schnittlauch in Röllchen schneiden, Petersilie und Kerbel fein hacken. Mit Schmand und Crème fraîche glatt rühren und mit Salz, Pfeffer, Zitronensaft und -abrieb abschmecken.

KRAUTSTRUDEL
1 kg Weißkohl
100 g Katenschinken
1 Zwiebel
1 Knoblauchzehe
2 EL Schweineschmalz
Salz, Pfeffer
gemahlener Kümmel
100 ml Geflügelbrühe
2 EL Butter
2 Strudelteigblätter
1 Eigelb
Kümmel

Den Backofen auf 180 °C Umluft vorheizen. Den Weißkohl putzen und in feine Streifen schneiden. Schinken fein würfeln, die Zwiebel schälen und ebenfalls fein würfeln. Knoblauch schälen und fein hacken. Schweineschmalz erhitzen und die Zwiebel zusammen mit den Schinkenwürfeln anbraten. Den Kohl zugeben und mit Salz, Pfeffer und dem gemahlenen Kümmel würzen. Die Geflügelbrühe zugeben und alles weich dünsten. Anschließend in einem Sieb auskühlen lassen. Ein Backblech mit Backpapier auslegen. Die Butter in einem Topf zerlassen. Ein Strudelblatt auf ein angefeuchtetes Küchentuch legen, das Blatt mit Butter bepinseln und das zweite Strudelblatt auflegen. Das zweite Blatt ebenfalls mit Butter bestreichen und das Kraut darauf verteilen. Mithilfe des Tuches den Strudel einrollen und auf das Backblech legen. Das Eigelb mit der gleichen Menge an Wasser verquirlen und die Oberfläche des Strudels damit bepinseln. Mit Kümmel bestreuen und im Backofen etwa 20 Minuten backen. Anschließend herausnehmen, in Stücke schneiden und mit dem Kräuterschmand servieren.

ROTE GRÜTZE MIT MILCHREISSCHAUM

FÜR 4 PERSONEN

MILCHREISSCHAUM
100 g Milchreis
½ Vanilleschote
1 Prise Salz
300 ml Milch + Milch nach Bedarf
250 ml Sahne
2 EL Zucker

ROTE GRÜTZE
600 g gemischte Beeren
100 ml Rotwein
100 ml Kirschsaft
50 g Zucker
30 g Tapiokaperlen
gemahlener Zimt nach Bedarf

Den Milchreis in ein Sieb geben, unter fließend kaltem Wasser abspülen und abtropfen lassen. Die Vanilleschote längs aufschlitzen, mit dem Messerrücken ausschaben und das Mark zusammen mit der ausgeschabten Schote, Salz, Milch und Sahne in einen Topf geben. Alles einmal aufkochen, die Schote entfernen und den Milchreis unterrühren. Den Reis bei niedriger Temperatur mit Deckel weich kochen, anschließend den Zucker einrühren und die Masse in einem Standmixer fein pürieren. Die Masse bei Bedarf noch mit etwas Milch dünnflüssiger machen. Anschließend durch ein feines Sieb streichen und in einen Sahnespender füllen. Gut zuschrauben, zwei Sahnekapseln aufdrehen und den Spender gut schütteln. Für 2–3 Stunden kalt stellen.

Die Beeren waschen, putzen und in einem Topf kurz erhitzen, bis etwas Saft ausgetreten ist. Beeren über einem zweiten Topf in ein Sieb geben, Saft auffangen und mit Rotwein und Kirschsaft verrühren. Zucker unterrühren und alles einmal aufkochen, dann die Tapiokaperlen unterrühren. Bei niedriger Hitze köcheln lassen und die Tapiokaperlen unter gleichmäßigem, vorsichtigem Rühren etwa 15 Minuten glasig kochen. Dann die Beeren unterrühren und weitere 5 Minuten köcheln lassen. Die Rote Grütze etwas auskühlen lassen, den Sahnespender gut schütteln und den Milchreisschaum auf die Rote Grütze sprühen. Schaum mit etwas Zimt garnieren und die Grütze servieren.

GROTER HANS AUS DER TASSE

FÜR 6 PERSONEN

VANILLESAUCE
1 Vanilleschote
400 ml Milch
2–3 EL Zucker
3 Eigelb

Die Vanilleschote der Länge nach halbieren und das Mark mit einem Messerrücken auskratzen. Das Mark zusammen mit der Schote, Milch und Zucker in einen Topf geben und kurz aufkochen. Die Eigelbe mit den Schneebesen eines Handrührgeräts verrühren. 1/3 der heißen Milch unter ständigem Rühren zügig zu den Eigelben gießen. Danach alles in die restliche Milch einrühren und kräftig aufschlagen. Die Vanillesauce durch ein Sieb gießen und abkühlen lassen. Die Sauce abgedeckt im Kühlschrank auskühlen lassen.

GROTER HANS
8 altbackene Brötchen
(z. B. Hamburger Rundstück)
100 g Butter
50 g Zucker
100 ml Milch
6 Eier
1 Vanilleschote
1 Prise Muskat
Kardamom nach Belieben
50 g Rosinen
200 g Apfelkompott
Butter und Zucker nach Bedarf

Backofen auf 180 °C Ober- und Unterhitze vorheizen. Die Brötchen in kleine Stücke schneiden. Butter und Zucker mit den Rührbesen eines Handrührgeräts schaumig schlagen, Milch und Eier unterrühren und die Brötchenstücke zugeben. Die Vanilleschote der Länge nach halbieren und das Mark mit dem Messerrücken auskratzen. Mark unter die Masse rühren und die restlichen Zutaten zugeben. Den Teig gut verrühren und in gebutterte und gezuckerte Tassen füllen. Die Tassen in ein tiefes Backblech stellen, in den Backofen schieben und so viel Wasser in das Backblech füllen, bis die Tassen im Wasser stehen. Etwa 20 Minuten backen, bis die Masse fest ist. Herausnehmen, abkühlen lassen und mit der Vanillesauce servieren.

FRANZBRÖTCHEN-EIS-SANDWICH

FÜR 4 PERSONEN

ENTENLEBER-EIS
400 ml weißer Portwein
200 ml Weißwein
100 g Glukose
10 g Fleur de Sel
320 g Entenleber
8 Eigelb
100 ml Sauternes
50 g Haselnusskerne ohne Haut

Portwein und Weißwein zusammen mit der Glukose und Fleur de Sel zum Kochen bringen und bei mittlerer Hitze auf die Hälfte reduzieren. Die Entenleber putzen und in kleine Stücke brechen. Eigelb mit den Schneebesen eines Handrührgeräts über einem Wasserbad schaumig aufschlagen und die Portweinreduktion zugeben. Die Masse so lange weiterrühren, bis sie zu stocken beginnt. Die Entenleber mit einem Pürierstab in die warme Masse mixen, anschließend über einem Eisbad kalt rühren. Mit dem Sauternes abschmecken und in einer Eismaschine gefrieren lassen oder in eine Metallschüssel geben und im Gefrierschrank etwa 4–5 Stunden einfrieren. Dabei gelegentlich umrühren, damit die Masse cremig bleibt. Die Haselnüsse in einer Pfanne ohne Öl goldbraun anrösten, auskühlen lassen und hacken.

FRANZBRÖTCHEN-EIS-SANDWICH
FÜR 20 STÜCK
200 ml Milch
42 g frische Hefe
500 g Weizenmehl + Weizenmehl zum Bearbeiten
150 g Zucker
175 g zimmerwarme Butter
1 Ei
2 Prisen Salz
2 TL Zimtpulver
Entenleber-Eis zum Servieren

Die Milch erwärmen und die Hefe darin auflösen. Mit Mehl, 50 g Zucker, 75 g Butter, Ei und Salz verkneten. Den Teig abgedeckt an einem warmen Ort etwa 1 Stunde gehen lassen. Den Backofen auf 180 °C Ober- und Unterhitze vorheizen. Backbleche mit Backpapier auslegen. Den Teig auf einer leicht bemehlten Arbeitsfläche zu einem Rechteck von etwa 40 × 60 cm ausrollen. Mit der restlichen Butter bestreichen, mit dem übrigen Zucker und Zimt bestreuen. Den Teig von der Längsseite her aufrollen und in etwa 2 cm breite Scheiben schneiden. Die Rollen in der Mitte etwas eindrücken, mit etwas Abstand auf die Backbleche verteilen und bei Zimmertemperatur noch einmal etwa 15 Minuten ruhen lassen. Die Franzbrötchen auf den Blechen nacheinander im Backofen auf der mittleren Schiene etwa 15 Minuten goldbraun backen. Herausnehmen und auf Kuchengittern auskühlen lassen. 1 Stunde vor dem Servieren die Franzbrötchen der Länge nach halbieren. Das Entenleber-Eis aus dem Gefrierschrank nehmen und etwas Eiscreme auf den unteren Franzbrötchenhälften verteilen. Die oberen Hälften aufsetzen und eine Seite der Eissandwiches in den gehackten Nüssen wälzen. Die Eissandwiches auf Backpapier setzen, im Gefrierfach etwa 1 Stunde anfrieren lassen und anschließend servieren.

IM

Geheimnisvolle Wasserwelten – auf Fischfang im Spreewald

OSTEN

BEEF! 81

IN HÜLLE UND FÜLLE

KOMPASS OSTEN

K03

Denn das Gute liegt so nah

DIE REGIONALKÜCHE IM OSTEN

Knackfrisch vom Feld: Heimisches Gemüse bildet die Basis für unterschiedlichste Gerichte

Fantasie, verlass mich nie! Während es hinsichtlich der Speisenvielfalt im Osten Deutschlands früher allenfalls „bei Königs und Herzogs" lukullisch zuging, bewies die bürgerliche „Normalo-Bevölkerung" schon immer einen ausgesprochen „kreativen" Umgang mit dem Essen. An Ideen mangelte es nicht, um aus dem, was Ostsee und Binnengewässer, Feld und Wald sowie – später zu DDR-Zeiten – der Garten der Datsche so hergaben, etwas Gutes zuzubereiten. Stark geprägt ist die Küche in den östlichen Bundesländern aber nicht nur durch die Planwirtschaft der früheren Deutschen Demokratischen Republik. Viele Heimatvertriebene, etwa aus den ehemaligen preußischen Provinzen Pommern, Schlesien und Ostpreußen sowie der Tschechoslowakei, hatten die Traditionen ihrer regionalen Küche im Gepäck und wendeten sie ebenfalls auf die lokal erhältlichen Lebensmittel an. Subventionierte Grundnahrungsmittel wie Brot, Milch, Eier, Fette sowie Geflügel- und Schweinefleisch bildeten die energiereiche Grundlage fürs tägliche Essen. Importe aus dem Ausland hingegen waren an anderen Kriterien als an der Nachfrage im Inland ausgerichtet. Statt das Sortiment in den Lebensmittelregalen zu erweitern, ging es vielmehr darum, die Agrarwirtschaft der sozialistischen Bruderländer zu unterstützen.

GENOSSE SCHMALHANS BITTET ZU TISCH

Not macht erfinderisch! Sparsamkeit war stets eine Tugend, Kochen mit wenigen Zutaten eine Kunst, die perfekt beherrscht wurde. Diese Reduzierung auf das Wesentliche und die Verwendung lokaler Lebensmittel prägt auch heute die Küche des deutschen Ostens. So kochen beispielsweise die Brandenburger traditionell eher schlicht – und doch gleichzeitig raffiniert. Landestypisches Gemüse wie die feinen Teltower Rübchen, Knieperkohl oder Spreewälder

OSTEN

Salzgurken landen hier ebenso gern auf dem Teller wie regionale Spezialitäten. Quark und Pellkartoffeln mit Lausitzer Leinöl aus dem Süden Brandenburgs oder die beliebten Plinsen (Eierpfannkuchen) lassen auch Nicht-Brandenburger ins Schwärmen geraten. Nicht zu vergessen der Klassiker schlechthin: Soljanka! Die säuerliche Suppe, die ihren Ursprung in Russland hat, ist seit vielen Jahrzehnten weit verbreitet und wird heute selbst fernab jedweder Ostalgie noch gern gelöffelt. Die Küche im Land Brandenburg ist wegen der zahlreichen größeren und kleinen Binnenseen reich an Fisch. Vor allem Aal, Hecht, Karpfen und Zander hängen hier am Haken. Eine typische Zubereitung ist die Kombination mit der sogenannten Spreewaldsauce, einer klassisch gebundenen Sauce, die der französischen Béchamel ähnelt.

HERTAS „CHILLUP" SCHREIBT GESCHICHTE

Im Sommer löscht die „Berliner Weiße" seit 1700 nicht nur in der deutschen Hauptstadt den Durst. Das Kultgetränk mit obergärigem Bier in Rot (mit Himbeersirup) und Grün (mit Waldmeistersirup) soll ursprünglich gar nicht in Berlin, sondern in Sachsen-Anhalt erfunden worden sein. Mit Erfindungsreichtum glänzte auch die Imbissbuden-Unternehmerin Herta Heuwer - sie servierte im September 1949 in Berlin-Charlottenburg eine gebratene Brühwurst mit einer Sauce aus Tomatenpüree, Currypulver und Worcestersauce. Die patente Berlinerin gilt seitdem als „Mutter der Currywurst", auch wenn einer anderen Version zufolge die Currywurst bereits zwei Jahre zuvor in Hamburg das Licht der Schnellimbisswelt erblickt haben soll. Ihre „Spezialsauce" ließ Herta Heuwer jedenfalls 1959 unter dem Namen „Chillup" als Marke eintragen. Sicher wusste auch sie schon: Ein Leben ohne Currywurst ist möglich, aber sinnlos

Kombinieren sollte man die beiden nun folgenden sächsischen Klassiker besser nicht, aber jeder für sich ist in ganz Deutschland bekannt und beliebt: Dresdner Christstollen und Bautz'ner Senf. Nicht jedem ein Begriff, aber durchaus einen Versuch wert ist die „Pottsuse" - ein sättigender Brotaufstrich aus Schweinefleisch, Schmalz und Gewürzen. Im Gegensatz zu Sachsen ist der Nachbar Sachsen-Anhalt von sehr unterschiedlichen Landschaften und Mentalitäten geprägt. Spezialitäten wie der populäre Harzer Roller, ein Sauermilchkäse, oder „Bötel mit Lehm und Stroh", wohinter sich Eisbein mit Erbsenpüree und Sauerkraut verbergen, sind hier weit verbreitet. Dazu gönnt man sich gern ein Bier, genauer: ein Garley, gebraut in der ältesten Brauerei der Welt. Es kommt aus Gardelegen in der Altmark, das bereits am 16. Juli 1314 das Braurecht erhielt.

DAS GROSSE WUSELN

Bei Käse, besonders solchem mit ausgesprochen „aromatischer Duftnote", scheiden sich die Geister. Der Harzer Roller ist nur ein Beispiel. Manche könnten sich schütteln, andere finden ihn sensationell köstlich. Eine Rarität und in Deutschland einmalige Spezialität jedoch ist der Würchwitzer Milbenkäse. Die Basis dafür besteht aus getrocknetem Magerquark, der mit Kräutern und Gewürzen in Holzkisten - je nach Reifegrad - zu einem mild- bis intensivaromatischen Käse fermentiert wird. Dass dies mithilfe spezieller „Mitarbeiter", nämlich Käsemilben, geschieht, scheint kurios, begeistert aber Feinschmecker im In- und Ausland gleichermaßen. Im Zeitzer Ortsteil Würchwitz in Sachsen-Anhalt wird dieser Käse seit gut 500 Jahren so hergestellt, wie es der Tradition entspricht: in liebevoller Handarbeit.

Was dem einen der Käse, ist dem anderen die Wurst. Die Thüringer sind auf jeden Fall stolz auf das, was man mit ihnen verbindet: die berühmten Rostbratwürste. Ihren Ursprung soll das „Nationalheiligtum" übrigens in einem Kloster in der Nähe der Gemeinde Holzhausen haben, wo ihm heute sogar in einem eigenen Bratwurstmuseum Tribut gezollt wird.

Einfach saugut
ORIGINAL SCHMÖLLNER MUTZBRATEN

Wie überdimensionierte Schaschlikspieße sieht aus, was sich seit gut zwei Stunden gemächlich an einem Holzfeuer dreht: Mutzbraten oder, um exakt zu sein, Original Schmöllner Mutzbraten. Wobei es sich - genau genommen - eher um durchaus großzügig portionierte Stücke aus Schweinefleisch handelt denn um einen Braten. Am besten gut marmoriert aus dem Nackenfleisch einer veritablen „Mutz" (worunter Schmöllner eine Sau verstehen). Zwischen 200 und 300 Gramm hat so ein einzelner, würfelförmig geschnittener Brocken drauf. Mindestens 5 bis 30 davon bestücken einen Grillspieß - je nach Größe des jeweiligen „Mutzbratenstands". So nennt sich das an den Längsseiten offene Bratgestell, an den die Fleischspieße zum Garen eingehängt werden. Ein normaler Holzkohle- oder gar ein Gasgrill ohne Spießvorrichtung - fürs übliche Barbecue durchaus geeignet - tut's nämlich nicht. Zwingend erforderlich also: eine Drehspießvorrichtung, vor allem aber Erfahrung im Umgang damit. Und wenn es denn ein Original werden soll, braucht es obendrein: Birkenholz. Dann - und nur dann! - wird es ein Schmöllner Mutzbraten.

Damit das Fleisch auch „original" schmeckt, wird es zuvor mit Gewürzen versehen und damit mariniert. Welche das genau sind? Dem Reinheitsgebot des Mutzbratenschutzverbands (ja, den gibt es wirklich!) zufolge dürfen nur Pfeffer, Salz und Majoran ans Fleisch. Sonst nichts. Wobei man bei Paprika vermutlich noch ein Auge zudrücken würde. Bei Senf als Zutat zur Würzmischung hört der Spaß allerdings auf. Die Metzger, die berechtigt sind, diese regionale Spezialität überhaupt exklusiv zuzubereiten, halten sich streng an die Vorgaben. Immerhin ist das Ganze patentrechtlich geschützt. Ebenso wie alles, was nur im Entferntesten damit zu tun hat.

DEN RICHTIGEN BRATEN GEROCHEN

Die Stadt Schmölln, am Fluss Sprotte im ostthüringischen Altenburger Land gelegen, verfügt seit Ende der Neunzigerjahre über das Patent. Dass es überhaupt dazu kam, ist der Initiative eines alteingesessenen Schmöllner Fleischers zu verdanken, André Schakaleski, der sich unter anderem für den Erhalt dieser einzigartigen Thüringer Grillspezialität einsetzt. Er selbst, der sein Handwerk dank seines Vaters Alfred von der Pike auf erlernte, sorgt mit seinen mobilen Ständen dafür, dass nicht nur Thüringern auf Volksfesten und Märkten diese lokale Delikatesse zugutekommt. Bis nach Norddeutschland, nach Mecklenburg-Vorpommern, nach Holland, Großbritannien und sogar nach Italien reist Schakaleski, wo er seinen Schmöllner Mutzbraten auf europäischen Street-Food-Märkten in der Toskana oder im Piemont feilbietet. Es scheint kaum vorstellbar, dass Italiener so auf urdeutsche Kost abfahren, aber 600 Portionen gehen dann locker an einem Wochenende über den Tresen, stilecht serviert mit Sauerkraut, dunklem Brot und Senf. Kartoffeln haben als Beilage zum original Mutzbraten nämlich nichts zu suchen, auch nicht in Form von Pommes frites. „Obwohl", zeigt sich Mutzbraten-Experte Schakaleski versöhnlich, „ganz so streng sehen wir das heute nicht mehr. Erlaubt ist schließlich, was zum Fleisch schmeckt, auch wenn Kartoffelsalat und so was tatsächlich ‚neuzeitliche' Beilagen sind." Ein absolutes Tabu jedoch: Ketchup. Denn da graust's die „Mutz".

OSTEN

Feuer frei! Faustgroße Stücke vom Schmöllner Mutzbraten auf dem Weg zur perfekten Kruste

Objekte der Begierde: Dieser Anblick lässt nicht nur (Thüringer) Männerherzen höherschlagen

OSTEN

Nur original vom Rost

THÜRINGER BRATWURST

Es gibt diese kulinarischen Besonderheiten, ohne die so manche Region nicht vorstellbar ist. Nur mal so als Beispiel: Schwarzwald ohne Schinken? Niemals! Bayern ohne Weißbier? Geht gar nicht! Und Thüringen ohne Bratwurst? Ein absolut undenkbares „Wurst-Case-Szenario"! Jeder waschechte Thüringer weiß natürlich, dass es sich bei der simplen Bezeichnung um die einzig Wahre handelt, die Rostbratwurst. Auch wenn sie quasi in jedem Ort anders heißt: In Gera wird sie Roster genannt, in Erfurt Bratwurst, in anderen Orten wiederum hört sie auf den Namen Rostwurst. So unterschiedlich die Termini, so einig sind sich sämtliche Bewohner des Freistaats in einem: Für den einzig wahren Geschmack muss die original Thüringer Rostbratwurst auf einem Holzkohlegrill zubereitet werden! Gekrönt wird das gute Stück natürlich mit waschechtem Thüringer Senf. Rote Würzsauce, auch als Ketchup bekannt, ist nämlich absolut verpönt, auch wenn nahezu jeder Bratwurststand diese bereithält – für Touristen.

Achtung, Top Secret! Jeder Ort, jede Metzgerei hütet die jeweilige Zutaten- und Würzmischung für die Wurstmasse wie ein Staatsgeheimnis. Unvergleichlich aromatisch-würzig schmecken die prall gefüllten Herrlichkeiten, die es in grob oder fein oder als „Zwischending" auch in mittelfein gibt. Die einen sind mit einer Ahnung von Kümmel versehen, die anderen mit einem Hauch von Knoblauch, gern auch mit einer Prise Majoran. Alle eint der feine Biss, fest und knackig müssen sie sein. Eben genau so, wie eine richtig gute Bratwurst – Verzeihung: Thüringer Rostbratwurst! – halt schmecken sollte!

TRAUMMASSE SIND VORAUSSETZUNG

Das „Nationalheiligtum", für das, wie bereits erwähnt, in Holzhausen sogar ein eigenes Museum erschaffen wurde, ist eine von der EU geschützte Marke: Die Wurst, die auf eine über 600 Jahre alte Tradition zurückblicken kann, darf nur in Thüringen hergestellt werden, nicht mehr als 150 und nicht weniger als 100 Gramm auf die Waage bringen, muss etwa 15 Zentimeter lang sein und einen genau festgelegten Gesamtfettgehalt aufweisen. Die regionaltypischen Rezepturen sind überliefert; überwacht wird das alles durch den Herkunftsverband. Dieser legt auch fest, welche Produkte mit dem Siegel „geografisch geschützte Angabe" ausgezeichnet werden dürfen. Dabei gibt es noch eine zusätzliche Besonderheit. Während außerhalb des Bundeslands die Rostbratwürste fast ausschließlich gebrüht verkauft werden, bevorzugt der wahre Thüringer die rohe Variante. Weshalb das so ist, sei rational nicht wirklich erklärbar, erläutert ein Thüringer Metzger auf Nachfrage, geschmacklich mache das nämlich keinen großen Unterschied. Nur die Kühlung ist definitiv eine andere: maximal vier Grad Celsius für die rohe, sieben für die gebrühte Variante.

Konjunktur hat die Wurst prinzipiell das ganze Jahr über – kein Wochenmarkt ohne Bratwurststand, keine Grillsaison ohne „Roster" –, auch wenn der Umsatz in den Monaten November und Dezember nochmals in die Höhe schnellt. Denn was wäre ein Weihnachtsmarkt ohne Rostbratwurst – nicht nur in Thüringen?

Balanceakt: Es ist ohne Zweifel eine große Kunst, Brunnenkresse auf eigens angelegten Wasserläufen anzubauen und zu ernten

Grüner wird's nicht

BRUNNENKRESSE AUS DER ERFURTER KLINGE

Ralf Fischer deutet auf einen künstlich angelegten Wasserlauf, die sogenannte Klinge. Hier sprießt ein besonderes Gewächs, das er noch auf ganz traditionelle Weise anbaut: die berühmte Erfurter Brunnenkresse. Seine Familie, die Gärtnerei und die Brunnenkresse, das ist auch Familiengeschichte, die zurückreicht bis in die Mitte des 19. Jahrhunderts. Er erinnert sich noch lebhaft an den 31. März 1960: „Mein Vater erklärte mir unter Tränen – ich war damals sieben Jahre alt –, dass wir ab heute nicht mehr Eigentümer unserer heiß geliebten Gärtnerei seien. Betriebsmittel und Inventar wurden in die neue GPG Dreienbrunnen, in die Gärtnerische Produktionsgenossenschaft, eingebracht; ab 1974 wurde der Anbau von Brunnenkresse eingestellt, die Klingen wurden verfüllt." Seit Ende 1989, mit dem Mauerfall, kämpften Fischers Eltern um die Rückgabe des mittlerweile völlig verwahrlosten Betriebs. „Es war ein echt trauriger Anblick, als wir das Gelände in den Neunzigern wieder übernahmen. 1994 zog ich mit Gummistiefeln bewaffnet los, den eingebrachten Schutt wie alte Autoreifen, Steine und Holz einzusammeln – der Grundstein war wieder gelegt", blickt Fischer zurück. Als das geschafft war, rekonstruierte er eine Klinge und baute schließlich wieder Brunnenkresse an. „Damit habe ich meinem Vater und meiner Großmutter damals den größten Wunsch erfüllt!"

ÜBER DIE KLINGE SPRINGEN

Brunnenkresse hat hier Tradition. Im Gebiet um die thüringische Landeshauptstadt begann man bereits um 1630, die Pflänzchen aus den natürlichen Wasserläufen zu sammeln. Die Region Dreienbrunnen, im Westen Erfurts im Tal gelegen, ist geschützt durch umliegende Höhen und verfügt über zahlreiche Quellen und Wasserläufe – wichtigste Voraussetzung für

OSTEN

das Wachstum des grünen Superfoods. Kühl muss das Wasser sein, das ganze Jahr über, möglichst nicht wärmer als zwölf Grad Celsius, fließend und vor allem sauber. Knapp einhundert Jahre später gab es die ersten Kulturen auf den eigens angelegten Wasserläufen, den sogenannten Klingen, die man über „Jähnen", dazwischen liegende Dämme, jeweils erreichen konnte. Übrigens: Entworfen hat dieses ausgeklügelte und bis zu dieser Zeit weltweit einzigartige System einst der Erfurter Universalgelehrte Christian Reichart (1685–1775).

SATTGRÜNE WUNDERWAFFE MIT LANGER GESCHICHTE

Brunnenkresse gilt seit jeher als ein wertvolles, vitaminhaltiges Nahrungsmittel, speziell in den Wintermonaten, in denen es ansonsten schwierig war, frisches Gemüse zu ernten. Die ältesten Überlieferungen zu den heute so angesagten „Green Smoothies" stammen übrigens aus Ägypten. Täglich frisch gepresste Wasserkresse sollte die Leistungsfähigkeit der Bauleute der Pyramiden steigern. In antiken Zeiten wurde Brunnenkresse als Heilpflanze angesehen. Römer und Sachsen glaubten gar, ihr Haupthaar würde dadurch „gerettet". Im aktuellen Boom ums grüne Superfood haben diese und andere Kresse-Sorten einen festen Platz. „Zum Glück!", freut sich Ralf Fischer, der den traditionellen Anbau in Erfurt mit seiner Familie im Nebenerwerb am Leben erhält. Der vitale Endsechziger lacht über eine Anekdote, die sein Vater immer wieder gern erzählt hat: „Weil er sie so gern aß, wollte Genosse Walter Ulbricht jeden Freitag einen Korb voll Brunnenkresse per Flugzeug nach Berlin versandt haben. Mein Vater sagte Nein, denn er hätte kein Auto, um die Kresse zum Flughafen zu bringen. Daraufhin wurde er am nächsten Tag ins Autohaus eingeladen, wo er sich einen Trabant Kombi abholen durfte." Kresse gegen Kombi – wie krass ist das denn?

Fischers in liebevoller Arbeit sanierte und sorgfältig bewirtschaftete Erfurter Klinge ist heute die letzte ihrer Art; die außergewöhnliche Anlage sorgt bei Besuchern für Bewunderung. Wie speziell die Bedeutung der Brunnenkresse in Erfurt ist, zeigt der Eintrag ins Denkmalbuch der Stadt. Braunkärsch, so die hiesige Bezeichnung des schmackhaften Gemüses, wird in den Restaurants der Stadt als Delikatesse zelebriert. Seit 2018 ist die Erfurter Brunnenkresse in der „Arche des Geschmacks" von Slow Food als „gefährdet" und „schützenswert" eingestuft. Auch weil derzeit noch niemand bereitsteht, der die historische Anlage der Fischers weiterführen könnte. „Schön wäre", sagt Ralf Fischer, „wenn die Brunnenkresse nicht nur eine Vergangenheit hat, sondern vor allem eine Zukunft!"

ERFURTER BRUNNENKRESSE

Botanisch gehört die Kresse zu den Kreuzblütlern (Brasicaceae) und ist verwandt mit Rettich und Radieschen. Sie gedeiht weltweit auf der Nordhalbkugel und durch „Migration" heute auch in den Tropen und auf der Südhalbkugel. Die Erfurter Brunnenkresse logiert seit 2018 als Passagier auf der Slow-Food-Arche.

Nicht gerade eine Augenweide – und trotzdem zieht dieses runzelige Traditionsgemüse die Blicke der Feinschmecker auf sich

TELTOWER RÜBCHEN

Die Saison beginnt im Oktober und reicht bis in den März hinein. Teltower Rübchen sollten aber nicht zu früh gekauft werden: Wie auch bei anderem Gemüse der Fall – Grünkohl oder Pastinaken beispielsweise –, schmecken sie nach dem ersten Frost besser, vorher können sie einen leichten Bitterton haben. Die Rübchen sollten nicht dicker als fünf Zentimeter im Durchmesser sein, sonst sind sie holzig und weniger fein im Geschmack.
Sie können roh in Salaten und gekocht als Suppe oder Beilage verwendet werden. In der klassischen Zubereitung werden sie im Ganzen oder halbiert mit in Butter karamellisiertem Zucker gedünstet.

OSTEN

In aller Munde
TELTOWER RÜBCHEN

Das Glück wächst unter der Erde. Wohl um kaum ein Gemüse – außer vielleicht Spargel – hat es seit jeher so einen Hype gegeben. Nicht nur am französischen Hof sorgte es bereits für den gewissen Gaumenkitzel, auch Goethe, Kant und natürlich Fontane schätzten sein pikantes Aroma. Die Rede ist von Brassica rapa, dem Teltower Rübchen. Kegelförmig und etwa fünf Zentimeter lang, schmeckt es rettichartig bis leicht scharf-süßlich. Seinen Namen verdankt das zierliche Wurzelgemüse dem Teltow, einer Landschaft in Brandenburg zwischen Berlin und Potsdam, bis heute die einzige Region in Deutschland, in der es überhaupt gedeihen mag. Vermutlich im Gepäck hugenottischer Glaubensflüchtlinge Ende des 17. Jahrhunderts „eingewandert", eroberte das Teltower Rübchen nach und nach die hiesigen Küchen. Das älteste Rezept findet sich in der Neuauflage des Kochbuchs „Die wohl-unterwiesene Köchinn" von Maria Sophia Schellhammer, erschienen im Jahr 1723. Das Edelgemüse schmeckte nicht nur jedem, es war auch ein idealer „Bodenbereiter", um sandige Felder für die Viehhaltung nutzbar zu machen.

AUS LIEBE ZUR RÜBE

Nach dem Zweiten Weltkrieg ging es rübchenmäßig bergab. Zu DDR-Zeiten wurden die bäuerlichen Kleinbetriebe aufgelöst. Für die volkseigenen Großbetriebe war diese Gemüsesorte wirtschaftlich nicht mehr attraktiv: zu gering die Erträge, zu mühsam der Anbau, zu aufwendig die Ernte, musste sie doch per Hand aus dem Boden gehackt werden. Privaten Gärtnern ist zu verdanken, dass die Teltower Rübe „überlebt" hat. Im Rahmen der Rückorientierung auf regionale Spezialitäten nahm die Verbreitung wieder zu – Ende der Neunzigerjahre wurde in Teltow ein Förderverein gegründet. Mitbegründer ist Öko-Bauer Axel Szilleweit, der auch zehn Jahre lang den Vorsitz innehielt. Sein Engagement erklärt er so: „Was liegt bei einem Gemüsebetrieb näher, als alte Kulturpflanzen zu kultivieren, die sprichwörtlich in aller Munde liegen sollten?" Und was ist das Besondere an dem kleinen, aber feinen Traditionsgemüse? Da sei zunächst einmal der Geschmack, den insbesondere die Edel-Gastronomie zu schätzen wisse. „Nicht zu vergessen ist auch der Gesundheitsfaktor der Rübchen." Zudem sei die Pflanze züchterisch nicht bearbeitet worden und enthielte deshalb noch die Merkmale beziehungsweise wertvollen Inhaltsstoffe von früher, weiß der Experte.

Willkommen an Bord! Nicht ohne Grund wurde auch das Teltower Rübchen 2008 von Slow Food in die „Arche des Geschmacks" aufgenommen. Szilleweit liefert es an Wochenmärkte, Gastronomen und Bioläden. Das etwas kapriziöse Urprodukt bevorzugt kurze Wege und nicht zu Lagerzeiten. Doch die größten Herausforderungen liegen nicht im Vertrieb, sondern nach wie vor im Anbau. „Die Region ist sehr niederschlagsarm und wenn das Saatgut einmal aufgequollen ist, lässt es sich bei anschließender Trockenheit nicht mehr verwenden", so der Rüben-Profi. Beliebt ist die Charakterrübe leider auch bei der Kohlfliege, einem lästigen Schädling, der ihr zusetzt. „Es gibt keinen chemischen Pflanzenschutz, die Felder müssen mit einem Kulturschutznetz abgedeckt werden, das ist sehr arbeitsintensiv", weiß der Landwirt zu berichten. Aber das sei jede Mühe wert, findet er und lacht: „Wer will denn bei so viel Geschmack so kleinlich sein und jammern?" Eine Diva braucht nun mal Aufmerksamkeit.

Es krabbelt in der Kiste

WÜRCHWITZER MILBENKÄSE

Er ist definitiv nichts für Vegetarier. Sterneköche dagegen kredenzen ihn zum klassischen Salat oder mit süßen Früchtchen als Dessert. Unter Kennern gilt er sogar als „Trüffel" unter den Käsesorten, weil er so selten und so kostbar ist: Es geht um den Würchwitzer Milbenkäse, eine weltweit einzigartige Delikatesse aus dem Altenburger Land. Das Besondere: Für den vollendeten Geschmack sorgen äußerst ungewöhnliche „Käseexperten", sogenannte Käsemilben. Nur 0,3 Millimeter klein, mit acht Beinchen, kräftigen Kieferklauen und Haaren auf dem Chitinpanzer – so präsentieren sich die winzigen Krabbler, die für die sachsen-anhaltinische Spezialität verantwortlich sind, unter dem Mikroskop. Irgendwie nicht so richtig appetitlich. Eigentlich. Denn was die Winzlinge mit Magerquark anstellen – natürlich in Bio-Qualität, etwas anderes rühren sie nicht an! – ist absolut gourmettauglich.

AUS DER KISTE AUF DEN TISCH

Die Tradition, Käse mittels Milben herzustellen, reicht etwa 500 Jahre weit zurück bis ins Mittelalter. Angeblich schon von Martin Luther heiß geliebt, schätzen den „lebendigen" Gaumenschmaus aus dem Zeitzer Ortsteil Würchwitz heute Fans aus aller Welt. Sein Geschmack erinnert, je nach Alterungsgrad, an einen leichten bis äußerst kräftigen Harzer Käse mit anregend prickelndem, leicht herbem Nachhall. Der Geruch ist durchaus aromatisch, ganz so, wie man es von einem Magermilchkäse kennt. Die Prozedur vom simplen Ausgangsprodukt zur kulinarischen Spezialität erfolgt in liebevoller Handarbeit – den „Löwenanteil" erledigen dabei die fleißigen Untermieter. Sie fermentieren den Quark in einer kleinen Kiste zu schmackhaftem Käse (siehe Abb. oben).

Helmut Pöschel und Christian Schmelzer gründeten 2006 die „Würchwitzer Milbenkäse Manufaktur" nebst Museum. Es ist das einzige Unternehmen weltweit in diesem Bereich. Noch im selben Jahr wurde der Käse in die „Arche des Geschmacks" von Slow Food aufgenommen. Helmut Pöschel gilt als Retter dieser Rarität, deren Herstellung und Verkauf bis Ende der Vierzigerjahre noch gang und gäbe war. Zu Zeiten der DDR allerdings war das „lebendige" Milchprodukt nicht konform mit dem geltenden Lebensmittelgesetz, sodass ihm um ein Haar

Stillleben mit Käse? Unter dem Mikroskop betrachtet, ist dieses Arrangement alles andere als reglos

der Garaus gemacht wurde. Doch glücklicherweise konnte Pöschel, ein gebürtiger Würchwitzer sowie ehemaliger Biologie-, Chemie- und Kunstlehrer, die letzten „Käsemitarbeiter" von seiner Mutter übernehmen. Er kümmert sich darum, dass sie mit Roggenmehl gefüttert werden, weil „sie sonst den Käse komplett auffressen würden".

Bei hoher Luftfeuchtigkeit und einer Maximaltemperatur von 15 Grad Celsius werden die Milben gehegt und gepflegt. Verantwortlich für die Geschäftsführung, für Produktdesign und IT ist Christian Schmelzer, Doktorand für evangelische Theologie und Strategieberater, der aus der Nähe von Würchwitz stammt. Die kuriose Käsespezialität, die in anderen Teilen Deutschlands kaum einer kennt, schaffte es sogar in die „New York Times". Voll Ver- und Bewunderung widmet sich die Reportage der ungewöhnlichen Delikatesse, die niemals in die Vereinigten Staaten exportiert werden dürfte. „Die Amis flippen ja schon bei französischem Rohmilchkäse aus", schüttelt Pöschel den Kopf. Doch nicht nur Gourmets wissen den Milbenkäse zu schätzen. Wissenschaftler aus aller Welt zeigen ebenfalls Interesse daran. So experimentieren mehrere Pharmaunternehmen mit Käsemilben, weil diese gegen Hausstauballergien desensibilisieren sollen. Nachgewiesen ist zumindest der positive Einfluss auf die Darmflora.

Zwischen drei und zwölf Monaten dauert die Reifezeit des Milbenkäses. Währenddessen ändert sich sein Geschmack im Grunde täglich. Alle Sorten haben ihr ganz eigenes Aroma. Der „Himmelskomet" beispielsweise ist ein ebenso kleiner wie kräftiger Hartkäse auf Basis von Sauermilchquark, den Millionen von Milben in drei Monaten zu einem bernsteinfarbenen Kleinod verarbeiten. Und wie essen die „Milbionäre aus Genuss und Leidenschaft" Pöschel und Schmelzer ihren Lieblingskäse? „Am besten frisch aus der Milbenkiste, auf dunklem Brot, dazu ein Schlückchen Bier oder Wein." Und wie lange ist so ein Käse genießbar? Trocken gelagert würde er sich bis zu 30 Jahre halten, sagt Christian Schmelzer. Aber ganz ehrlich, wer könnte diesem „Wunder von Würchwitz" schon so lange widerstehen?

RAN AN DIE BUL

REZEPTE AUS DEM OSTEN DEUTSCHLANDS

THÜRINGER METTBRÖTCHEN VOM GRILL MIT SCHWARZBIERSENF

FÜR 4 PERSONEN

SCHWARZBIERSENF
FÜR ETWA 700 ML
250 ml Schwarzbier
150 g braune Senfsamen
50 g gelbe Senfsamen
1 Knoblauchzehe
125 ml heller Balsamico
2 EL Rohrohrzucker
1 TL Salz
½ TL Pfeffer

Das Bier in eine Schüssel geben und die Senfsamen zugeben. Abdecken und im Kühlschrank etwa 24 Stunden quellen lassen. Die Knoblauchzehe schälen und in Würfel schneiden. Die Senfsamen mit den restlichen Zutaten in einen Mixer geben und bis zur gewünschten Konsistenz pürieren. Den Senf in saubere Gläser füllen, verschließen und im Kühlschrank aufbewahren.

GEGRILLTE METTBRÖTCHEN
4 Kaiserbrötchen
1 Knoblauchzehe
3 EL Butter
1 Zweig Rosmarin
2 Zweige Thymian
1 kg Hackfleisch aus dem Nacken vom Thüringer Duroc
2 EL Senfpulver
½ TL Muskatnuss
1 ½ EL getrockneter Majoran
1 TL geschroteter schwarzer Pfeffer
2 TL edelsüßes Paprikapulver
1 TL gemahlener Kümmel
½ TL Cayennepfeffer
1 EL Salz
2 EL Rapsöl

Den Grill auf indirekte sowie direkte Hitze (200 °C) vorbereiten. Die Brötchen aufschneiden. Die Knoblauchzehe mit dem Messerrücken andrücken und schälen. Die Butter in einen Topf geben, Knoblauch, Rosmarin und Thymian zugeben und alles erhitzen, bis die Butter flüssig ist. Das Hackfleisch in eine Schüssel geben. Alle Gewürze vermischen, zum Hack geben und gründlich untermischen. Die Schnittfläche der Brötchenhälften mit der aromatisierten Butter bepinseln und mit Schweinemett belegen. Die Mett-Oberfläche mit etwas Rapsöl bepinseln und die Brötchen mit der Fleischseite in der direkten Hitze etwa 2 Minuten angrillen. Anschließend auf der Brötchenseite etwa 6–8 Minuten in die indirekte Hitze legen. Die gegrillten Mettbrötchen mit dem Senf servieren.

BAUERNBROT MIT POTTSUSE UND HARZER-KÄSE-CHIPS

FÜR 4 PERSONEN

HARZER-KÄSE-CHIPS
1 Harzer Stangenkäse mit Edelschimmel
120 g feines Meersalz
30 g grob gemahlener Pfeffer
30 g edelsüßes Paprikapulver
20 g brauner Zucker
10 g Currypulver
10 g gemahlener Kümmel
10 g gemahlene Senfsaat
5 g gerebelter Majoran
2 g gerebelter Thymian
2 g Knoblauchpulver
2 g Zwiebelpulver
2 g Cayennepfeffer

Für die Harzer-Käse-Chips den Ofen auf 200 °C Ober- und Unterhitze vorheizen. Die Käserolle in dünne Scheiben schneiden und mit etwas Abstand auf ein mit Backpapier ausgelegtes Blech legen. Die Gewürze miteinander vermischen und die Käsescheiben großzügig mit der Mischung würzen. Die restliche Gewürzmischung in einem luftdicht verschlossenen Gefäß aufbewahren. Die Käsescheiben für 8–10 Minuten im Backofen backen.

BAUERNBROT MIT POTTSUSE UND HARZER-KÄSE-CHIPS
300 g fetter Schweinebauch mit Schwarte
500 g Schweinenacken vom Duroc-Schwein
2–3 Zwiebeln
2 Lorbeerblätter
2 Nelken
1 TL Pimentkörner
1 TL Pfefferkörner
1 TL Kümmel
3 Zweige Thymian
Salz
Cayennepfeffer
4 Scheiben Bauernbrot
4 EL Pflanzenöl
grob zerstoßener Pfeffer
Zwiebelringe und Gewürzgurken zum Servieren

Für die Pottsuse die Schwarte vom Schweinebauch abschneiden. Den Schweinebauch und -nacken in kleine Würfel schneiden. Zwiebeln schälen und ebenfalls klein würfeln. Das Fleisch zusammen mit den Zwiebeln und der Schwarte in einen Topf geben. Lorbeer, Nelken, Piment, Pfeffer und Kümmel in einem Mörser grob zerstoßen und zusammen mit dem Thymian in einen Teebeutel füllen. Teebeutel mit Küchengarn gut zubinden und ebenfalls in den Topf geben. Kräftig mit Salz würzen, etwa 400 ml Wasser angießen und bei mittlerer Temperatur zum Kochen bringen. Dann etwa 3 Stunden köcheln lassen und dabei gelegentlich umrühren, nach 2 Stunden die Schwarte und das Gewürzsäckchen entfernen. Nach Ablauf der Garzeit sollte das Fleisch auseinanderfallen und leicht gebräunt sein. Das Fleisch zerteilen, mit Salz und etwas Cayennepfeffer abschmecken und in eine Schüssel oder in sterilisierte Schraubgläser füllen. Zum Servieren das Brot in einer Pfanne mit dem Öl rösten, etwas abkühlen lassen und mit Pottsuse bestreichen. Mit frisch zerstoßenem Pfeffer bestreuen, die Harzer-Käse-Chips darauf verteilen und mit Zwiebelringen und Gewürzgurken servieren.

SPREEWÄLDER GURKENSUPPE MIT GEFÜLLTEN PLINSEN

FÜR 4 PERSONEN

FISCHFARCE
100 g Fischfilet
100 ml kalte Sahne
1 Eiweiß
1 TL frisch geriebener Meerrettich
Salz, Pfeffer
1 TL gehackter Dill

Das Fischfilet vor der Zubereitung etwas anfrieren. Die kalte Sahne zusammen mit dem Eiweiß und dem Meerrettich in einen Standmixer geben und mit dem Fischfilet zügig zu einer homogenen Masse mixen. Mit Salz, Pfeffer und Dill abschmecken.

GEFÜLLTE PLINSEN
FÜR 12 STÜCK
½ Bund Petersilie
50 ml Milch
30 g weiche Butter
250 g Magerquark
2 Eier
70 g Weizenmehl
Salz, Pfeffer
Pflanzenöl zum Braten
Fischfarce
200 g Räucheraalfilets

Für die Plinsen die Petersilie fein hacken. Milch, Butter, Quark, Eier und Mehl mit einem Handrührgerät verrühren und die Petersilie unterheben. Die Plinsenmasse mit Salz und Pfeffer würzen und etwa 10 Minuten quellen lassen. Öl in einer großen, beschichteten Pfanne erhitzen. Jeweils 1 EL Teig in die Pfanne geben, rund formen und die Plinsen ausbacken. Den Backofen auf 70 °C Ober- und Unterhitze vorheizen. Auf einer Arbeitsfläche Frischhaltefolie ausbreiten und etwas größer als die Plinsen zuschneiden. Die Aalfilets auf die Größe der Plinsen zuschneiden. Die ausgebackenen Plinsen auf den Folienzuschnitten ausbreiten und mit der Farce bestreichen. Dann den Aal darauf verteilen und mithilfe der Folie stramm aufrollen. In Alufolie einschlagen und im Backofen etwa 30 Minuten garen. Herausnehmen und kurz ruhen lassen.

SPREEWÄLDER GURKENSUPPE
1 mittelgroße Spreewälder Gurke
750 g Kartoffeln
Salz
200 ml Sahne
300 ml Milch
Pfeffer
1 EL fein gehackter Dill

Die Gurke schälen, der Länge nach halbieren, mit einem Löffel die Kerne entfernen und die Gurke in Würfel schneiden. Die Kartoffeln schälen und ebenfalls würfeln. Die Kartoffeln in Salzwasser weich kochen, abschütten und mit einem Kartoffelstampfer zerdrücken. Sahne und Milch unterrühren und alles einmal kurz aufkochen. Dann die Gurkenwürfel unterrühren und die Suppe mit Salz, Pfeffer und Dill abschmecken. Die Plinsenrollen aus der Folie wickeln, in Scheiben schneiden und zur Gurkensuppe servieren.

KÖNIGSBERGER KLOPSE MIT ROTE-BETE-SALAT UND KARTOFFELPÜREE

FÜR 4 PERSONEN

ROTE-BETE-SALAT
300 g Rote Bete
2 Granny Smith
2 EL Preiselbeergelee
2 EL Himbeeressig
Salz, Pfeffer
Zucker
1 EL kalt gepresstes Rapsöl

Rote Bete waschen und mit der Schale in kochendem Salzwasser bissfest garen. Abgießen, unter fließend kaltem Wasser abschrecken und die Schale abziehen. Auf einer Küchenreibe grob raspeln. Die Äpfel schälen, entkernen und grob reiben. Das Preiselbeergelee in einen Topf geben, langsam unter Rühren erwärmen, bis es flüssig ist, und zusammen mit Essig, Roter Bete und den geriebenen Äpfeln vermischen. Mit Salz, Pfeffer und ggf. etwas Zucker abschmecken. Zum Schluss das Rapsöl untermischen. Den Salat mindestens 1 Stunde im Kühlschrank ziehen lassen.

KARTOFFELPÜREE
800 g mehligkochende Kartoffeln
Salz
100 ml Sahne
100 ml Milch
3 EL Butter
Pfeffer
Muskatnuss

Kartoffeln schälen und klein schneiden. Die Kartoffeln mit 1 TL Salz etwa 25 Minuten weich kochen, abschütten und ausdämpfen lassen. Mit einer Kartoffelpresse oder einem Stampfer zerdrücken. Sahne und Milch mit der Butter erhitzen und nach und nach unter die Kartoffeln rühren, bis das Püree die gewünschte Konsistenz hat. Mit Salz, Pfeffer und Muskat abschmecken.

KÖNIGSBERGER KLOPSE MIT ROTE-BETE-SALAT UND KARTOFFELPÜREE
2 Sardellenfilets
500 g gemischtes Hackfleisch
1 Ei
1 EL gehackte Petersilie
2 EL Semmelbrösel
Salz, Pfeffer
Cayennepfeffer
1 Zwiebel
1 Knoblauchzehe
1 EL Butter
50 g weich gekochte Nudeln (Rohgewicht)
100 g Champignons
1 Schalotte
1 EL Butter
50 ml Weißwein
250 ml Rinderbrühe
1 EL Kapern
1 TL Senf
Salz
Cayennepfeffer
1 TL Speisestärke
100 ml Sahne
Rote-Bete-Salat
Kartoffelpüree

Für die Klopse die Sardellenfilets fein hacken. Das Hackfleisch mit Sardellen, Ei, Petersilie und Semmelbröseln vermischen. Mit Salz, Pfeffer und Cayennepfeffer würzen. Zwiebel und Knoblauch schälen und in feine Würfel schneiden. Die Butter in einer Pfanne zerlassen und Zwiebel sowie Knoblauch in der Butter glasig dünsten. Zusammen mit den gekochten Nudeln durch eine Kartoffelpresse drücken und gut mit dem Hackfleisch vermischen. Aus der Hackfleischmasse Klöße formen und in siedendem Salzwasser etwa 5 Minuten ziehen lassen. Für die Sauce die Champignons putzen und in Würfel schneiden. Die Schalotte schälen und in feine Würfel schneiden. In einem Topf die Butter zerlassen und die Champignon- und Schalottenwürfel glasig dünsten. Mit Weißwein ablöschen und fast vollständig einkochen lassen. Mit der Rinderbrühe aufgießen und aufkochen lassen. Die Speisestärke mit etwas kaltem Wasser anrühren und den Fond zur gewünschten Konsistenz abbinden. Mit Kapern, Senf, Salz und Cayennepfeffer abschmecken. Die Sahne schlagen und kurz vor dem Servieren unter die Sauce ziehen. Mit dem Rote-Bete-Salat und dem Kartoffelpüree servieren.

BEELITZER SPARGELSALAT MIT SCHWEINEKOTELETT

FÜR 4 PERSONEN

LAUWARMER SPARGELSALAT
8 Kirschtomaten
½ Bund Petersilie
3 Frühlingszwiebeln
500 g grüner Spargel
100 g Zuckerschoten
2 EL Olivenöl
2 EL Balsamico
Salz, Pfeffer

Für den Salat die Kirschtomaten waschen und halbieren. Petersilie waschen, trocken schütteln, Blätter abzupfen und fein hacken. Frühlingszwiebeln putzen, waschen, trocken schütteln und in feine Ringe schneiden. Den Spargel im unteren Drittel schälen, das untere Ende abschneiden und die Stangen anschließend dritteln. Zuckerschoten putzen, waschen und in Rauten schneiden. Das Gemüse in reichlich kochendem Wasser bissfest kochen und in kaltem Wasser abschrecken. Dann abtropfen lassen. In einer Pfanne Olivenöl erhitzen und das Gemüse bis auf die Frühlingszwiebeln bei mittlerer Hitze anschwitzen. Zum Schluss Frühlingszwiebeln und Petersilie unterheben und mit Balsamico beträufeln. Mit Salz und Pfeffer abschmecken.

GEBACKENE SCHWEINEKOTELETTS MIT SPARGELSALAT
4 Stielkoteletts, z. B. vom Thüringer Duroc (à ca. 200 g)
Salz, Pfeffer
Weizenmehl zum Wenden
Semmelbrösel zum Wenden
1 Ei
Butterschmalz zum Ausbacken

Die Koteletts mit Salz und Pfeffer würzen. Mehl und Semmelbrösel jeweils in eine Schale oder eine flache Schüssel geben. Das Ei in einer flachen Schüssel verquirlen. Die Koteletts zuerst im Mehl wenden, dann durch das verquirlte Ei ziehen und zum Schluss in den Semmelbröseln panieren. In einer Pfanne reichlich Butterschmalz erhitzen und die Koteletts darin von beiden Seiten bei mittlerer Hitze goldgelb ausbacken. Die Schweinekoteletts mit dem Spargelsalat servieren.

SOLJANKA

FÜR 6 PERSONEN

3 mittelgroße Zwiebeln
2 Knoblauchzehen
150 g gepökelter Bauchspeck
(z. B. vom Thüringer Duroc)
3 EL Rapsöl
1 EL Kapern
150 g Spreewaldgurken
200 g geräucherter Kasseler
(z. B. vom Thüringer Duroc)
200 g Jagdwurst am Stück
100 g Salami
1 ½ EL edelsüßes Paprikapulver
50 g Tomatenmark
1 Liter Rinderbrühe
80 ml Gurkenwasser
2–3 EL Tomatenketchup
300 g Letscho-Sauce
1 Msp. Chili-Flakes
2 Msp. gemahlener Kümmel
2 Lorbeerblätter
Salz, Pfeffer
4 EL saure Sahne
4 Zitronenscheiben

Zwiebeln und Knoblauch schälen und würfeln. Die Schwarte vom Speck entfernen und den Speck ebenfalls in Würfel schneiden. Das Öl in einem Topf erhitzen und die Speckwürfel mit Zwiebel- und Knoblauchwürfeln darin anschwitzen. Kapern in einem Sieb abschütten und kalt abspülen, die Gurken in Streifen schneiden. Das Kasseler würfeln, Jagdwurst und Salami in Streifen schneiden. Die geschnittene Wurst, Gurken und Kapern zusammen mit dem Paprika und dem Tomatenmark in den Topf geben und unter Rühren anschwitzen. Mit Rinderbrühe, Gurkenwasser, Ketchup und der Letscho-Sauce auffüllen. Die Gewürze zugeben, umrühren und etwa 20 Minuten bei schwacher Hitze köcheln lassen. Zum Schluss die Lorbeerblätter entfernen und die Soljanka mit Salz und Pfeffer abschmecken. Zum Servieren einen Löffel saure Sahne und eine Zitronenscheibe auf jede Portion geben.

BERLINER BULETTEN MIT RAHMWIRSING

FÜR 4 PERSONEN

BERLINER BULETTEN
200 ml Milch
1 Brötchen vom Vortag
2 Karotten
2 Stangen Staudensellerie
1 Zwiebel
2 Knoblauchzehen
½ Bund glatte Petersilie
2 EL Butter
Salz
600 g gemischtes Hackfleisch
2 Eier
Pfeffer
3 EL mittelscharfer Senf
2 Msp. edelsüßes Paprikapulver
6 EL Pflanzenöl

Die Milch erwärmen. Das Brötchen in dünne Scheiben schneiden, mit der Milch übergießen und etwa 15 Minuten quellen lassen. Karotten und Sellerie putzen, waschen, schälen und in kleine Würfel schneiden. Zwiebel und Knoblauch schälen und in Würfel schneiden. Die Petersilie waschen, trocken schütteln, Blätter abzupfen und grob hacken. Die Butter in einer großen Pfanne erhitzen. Zwiebel und Knoblauch darin etwa 5 Minuten glasig dünsten. Karotten und Sellerie zugeben und weitere 10 Minuten garen, leicht salzen, herausnehmen und auskühlen lassen. Den Backofen auf 150 °C Ober- und Unterhitze vorheizen. Das Hackfleisch mit dem ausgedrückten und zerpflückten Brötchen, Eiern und abgekühltem Gemüse sowie Petersilie gut vermengen, mit Salz, Pfeffer, Senf und Paprika kräftig abschmecken. Mit angefeuchteten Händen 8 gleich große Buletten formen. In einer Pfanne 3 EL Pflanzenöl erhitzen und 4 Buletten von beiden Seiten kräftig anbraten, auf ein Backblech setzen und in den Backofen schieben. Die restlichen Buletten im übrigen Öl auf die gleiche Weise zubereiten. Ebenfalls im Backofen etwa 10–15 Minuten fertig backen.

RAHMWIRSING
600 g Wirsing
1 Zwiebel
1 Knoblauchzehe
1 EL Sonnenblumenöl
Weißwein
100 ml Gemüsebrühe
125 ml Sahne
Salz, Pfeffer
Muskatnuss

Für das Gemüse den Wirsing putzen, waschen, den Strunk entfernen und die Wirsingblätter in Streifen schneiden. Zwiebel und Knoblauchzehe schälen und fein würfeln. Das Öl in einer Pfanne erhitzen und die Zwiebel- und Knoblauchwürfel darin kurz anschwitzen. Den Wirsing zugeben und mitbraten. Mit einem Schuss Weißwein ablöschen und mit der Gemüsebrühe aufgießen. Den Wirsing etwa 10 Minuten köcheln, dann die Sahne zugießen. Mit Salz, Pfeffer und Muskat abschmecken und zu den Buletten servieren.

TOTE OMA MIT BRATKARTOFFEL-SCHAUM UND FRITTIERTEM SAUERKRAUT

FÜR 4 PERSONEN

BRATKARTOFFEL-SCHAUM
300 g Pellkartoffeln
1 Zwiebel
60 g Räucherspeck
1 EL Butter
1 EL Pflanzenöl
200 ml Geflügelbrühe
150 ml Sahne
Salz, Pfeffer
Muskatnuss

Die Kartoffeln pellen und in Würfel schneiden. Die Zwiebel schälen und zusammen mit dem Räucherspeck in kleine Würfel schneiden. Butter und Öl in einer Pfanne erhitzen und die Kartoffelwürfel darin anbraten. Gegen Ende der Bratzeit die Zwiebel- und Speckwürfel zugeben und mitbraten. Brühe und Sahne in einem Topf aufkochen. Alles zusammen in einen Standmixer geben, mit Salz, Pfeffer und Muskatnuss würzen und sehr fein mixen. Die Masse durch ein feines Sieb in einen Sahnespender füllen und eine Kapsel aufschrauben. Gut schütteln und bis zum Servieren warm stellen.

FRITTIERTES SAUERKRAUT
400 g Sauerkraut
350 ml Pflanzenöl zum Frittieren
4 EL Mehl
Salz

Das Sauerkraut in ein Sieb geben und unter kaltem Wasser abspülen. Sauerkraut gründlich abtropfen lassen. Das Pflanzenöl auf 165 °C erhitzen, das Sauerkraut in kleine Portionen teilen und im Mehl wenden. Überschüssiges Mehl abklopfen und das Sauerkraut im heißen Öl ausbacken. Auf Küchenkrepp abtropfen lassen und mit etwas Salz würzen.

TOTE OMA
500 g Thüringer Rotwurst
3 Schalotten
1 EL Pflanzenöl
3 Stängel Majoran
Salz, Pfeffer
Muskatnuss
1 Schale Gartenkresse

Die Rotwurst pellen und in grobe Würfel schneiden. Schalotten schälen und fein würfeln. Öl in einer Pfanne erhitzen und die Schalottenwürfel darin andünsten. Dann die Wurst zugeben und bei mittlerer Temperatur anbraten. Dabei gelegentlich umrühren. Majoranblättchen von den Stängeln zupfen und hacken. Wenn die Blutwurstmasse zerfallen ist und Röstaromen entwickelt hat, die Masse mit Salz, Pfeffer und Muskat würzen und den Majoran unterrühren. Zum Servieren die „Tote Oma" in Schüsseln anrichten und den Kartoffelschaum darüber verteilen. Mit frittiertem Sauerkraut und Kresse garniert servieren.

BEAMTENSTIPPE

FÜR 4 PERSONEN

600 g Kartoffeln
Salz
2 Zwiebeln
2 EL Butter
800 g gemischtes Hackfleisch
Salz, Pfeffer
3 EL Tomatenmark
300 ml Fleischbrühe
3 saure Spreewaldgurken
100 ml Gurkenwasser
2 EL gehackte Petersilie

Kartoffeln schälen und in Salzwasser garen. Abgießen, ausdampfen lassen und bis zum Servieren warm halten. In der Zwischenzeit die Zwiebeln schälen und fein würfeln. Die Butter in einer Pfanne zerlassen und die Zwiebeln darin glasig dünsten. Anschließend das Hackfleisch zugeben, mit Salz und Pfeffer würzen und gleichmäßig anbraten. Dann das Tomatenmark unterrühren, kurz anbraten und mit der Brühe ablöschen. Die Sauce bei mittlerer Hitze etwa 10 Minuten köcheln lassen. Die Gurken in Würfel schneiden und unter das Hackfleisch rühren. Das Gurkenwasser zugeben und alles etwas einkochen lassen. Sauce mit den Kartoffeln anrichten und mit Petersilie bestreut servieren.

THÜRINGER ROTKRAUTWICKEL

FÜR 4 PERSONEN

8 Rotkohlblätter
2 EL Rotweinessig
Salz
1 Prise Zucker
1 Nelke
1 Brötchen vom Vortag
150 ml lauwarme Milch
100 g Pilze
(z. B. Champignons, Maronen,
Pfifferlinge und Steinpilze)
3 Schalotten
5 Stängel Petersilie
1 TL Butter
300 g gemischtes Hackfleisch
1 Ei
1 EL Sahne
Pfeffer
1 TL Weizenmehl
125 ml trockener Rotwein
250 ml Fleischbrühe
Speisestärke nach Bedarf

In einem Topf ausreichend Wasser aufkochen lassen und die Kohlblätter mit Essig, Salz, Zucker und Nelke darin weich kochen. Anschließend herausnehmen und auf Küchenpapier abtropfen lassen. Brötchen würfeln und in der lauwarmen Milch einweichen. Pilze säubern und in kleine Würfel schneiden. Schalotten schälen und ebenfalls würfeln. Petersilie fein hacken. Die Butter in einer Pfanne erhitzen und ein Drittel der Schalotten mit den Pilzen anbraten. Zusammen mit Hackfleisch, Ei, Sahne, Petersilie und der Brötchenmasse in eine Schüssel geben und vermischen. Die Hackmasse mit Salz und Pfeffer würzen. Den Backofen auf 200 °C Ober- und Unterhitze vorheizen. Feste Blattrippen der Kohlblätter keilförmig herausschneiden und jeweils zwei Blätter überlappend auf der Arbeitsfläche ausbreiten. Die Hackfleischmasse in vier Portionen teilen, zu Kugeln formen und auf die Kohlblätter legen. Blätter um die Masse schlagen und mit Küchenschnur verschnüren. Das Öl in einem Schmortopf erhitzen und die Krautwickel darin von allen Seiten anbraten. Herausnehmen, die restlichen Schalotten in den Topf geben und anbraten. Anschließend mit Mehl bestäuben, mit Rotwein ablöschen und die Flüssigkeit etwas einkochen lassen. Mit der Fleischbrühe aufgießen, die Krautwickel hineinlegen und den Deckel aufsetzen. Im Backofen etwa 30–35 Minuten garen, dann die Krautwickel aus der Sauce nehmen und bis zum Servieren warm halten. Die Sauce auf die gewünschte Konsistenz einkochen, ggf. mit angerührter Speisestärke binden und mit den Krautwickeln servieren.

LEIPZIGER ALLERLEI

FÜR 4 PERSONEN

20 gekochte Flusskrebse
150 g Butter
50 ml Weinbrand
600 ml Fleischbrühe
150 ml Sahne
Salz, weißer Pfeffer
8 Stangen weißer Spargel
2 junge Kohlrabi
300 g Fingermöhren mit Grün
1 kleiner Blumenkohl
100 g Zuckerschoten
16 frische oder
getrocknete Morcheln
Zucker

Den Backofen auf 100 °C Ober- und Unterhitze vorheizen. Die Krebsschwänze aus dem Körper herausdrehen und die Scheren vom Körper abtrennen. Die Schwänze mit einer Schere an der Unterseite aufschneiden und den Panzer ablösen. Die ausgelösten Schwänze vorsichtig einschneiden und den Darm entfernen. Die Scheren mit einer Zange oder dem Messerrücken aufbrechen und das Fleisch herauslösen. Aus dem Scherenfleisch die Chitinscheiben entfernen. Das Fleisch zum Garnieren beiseitelegen. Die Krebskarkassen im Backofen etwa 1 Stunde rösten. Anschließend klein hacken und in etwas Butter kräftig anbraten. Den Weinbrand erwärmen, in einer Schöpfkelle entzünden und über die Karkassen gießen. Mit Fleischbrühe ablöschen, köcheln lassen, bis die gewünschte Konsistenz erreicht ist, und durch ein feines Sieb gießen. Die Sauce mit Sahne verfeinern und mit Salz und Pfeffer abschmecken. Warm halten und kurz vor dem Servieren mit einem Pürierstab aufschäumen. Das Gemüse putzen, waschen, ggf. schälen und in mundgerechte Stücke schneiden. Die Morcheln putzen, in kaltem Wasser waschen, vom Sand befreien und trocken tupfen. Getrocknete Morcheln nach Packungsangabe einweichen. Das Gemüse jeweils der Garzeit entsprechend in Salzwasser bissfest garen, in kaltem Wasser abschrecken und in einem Sieb abtropfen lassen. In einer großen Pfanne die restliche Butter schmelzen. Das Gemüse sowie die Morcheln zugeben und mit etwas Zucker karamellisieren, mit Salz und Pfeffer abschmecken. Das Krebsfleisch darin heiß werden lassen. Alles auf tiefen Tellern verteilen und mit der Sauce servieren.

KÖTHENER SCHUSTERPFANNE

FÜR 4 PERSONEN

1 kg Kartoffeln
400 g Kochbirne
600 g Schweinebauch
Schmalz zum Einfetten
Salz, Pfeffer
1 TL Kümmel
1 EL gehackter Beifuß
400 ml Fleischbrühe
2 EL Butter

Den Backofen auf 200 °C Ober- und Unterhitze vorheizen. Die Kartoffeln und Birnen schälen und waschen. Die Kartoffeln in Scheiben schneiden. Die Birnen vierteln, entkernen und in mundgerechte Stücke schneiden. Vom Schweinebauch die Schwarte entfernen und das Bauchfleisch in ca. 1,5 cm große Würfel schneiden. Die Hälfte der Kartoffeln dachziegelartig in einen mit Schmalz eingefetteten flachen Bräter oder eine Auflaufform schichten, die Hälfte des Schweinebauchs darüber geben, mit Salz und Pfeffer würzen und darauf die Birnen verteilen. Den restlichen Schweinebauch einschichten und mit Salz, Pfeffer, Kümmel und Beifuß würzen. Zum Schluss die restlichen Kartoffeln einschichten, salzen, pfeffern und die Brühe angießen. Den Bräter oder die Form in den vorgeheizten Backofen schieben und 1 ½ Stunden backen. 15 Minuten vor Backende die Oberfläche mit zerlassener Butter bepinseln.

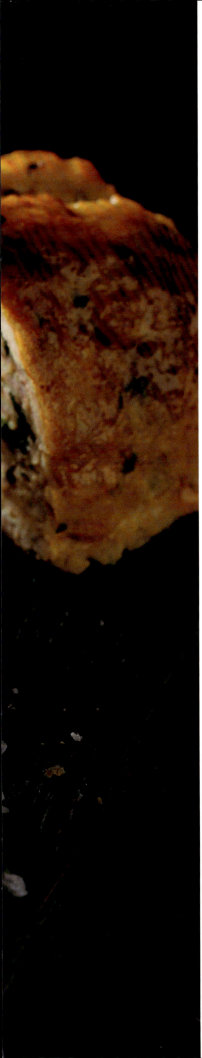

„FALSCHER HASE"

FÜR 4 PERSONEN

- 12–14 Wachteleier
- 6 Kaninchenkeulen
- 100 g Bacon
- 3 Schalotten
- 1 Bund glatte Petersilie
- 1 EL Butterschmalz
- 2 altbackene Brötchen
- 100 ml Milch
- 4 Eier
- 1 ½ EL Senf
- Salz, Pfeffer
- 1 Msp. Piment d'Espelette
- 1 TL edelsüßes Paprikapulver
- 100 g Semmelbrösel

Den Backofen auf 180 °C Ober- und Unterhitze vorheizen. Die Wachteleier 4 Minuten kochen, abschrecken und schälen. Die Kaninchenkeulen ausbeinen, das Fleisch zusammen mit dem Bacon durch die mittlere Scheibe des Fleischwolfes drehen und bis zur Weiterverwendung kalt stellen. Schalotten schälen und fein würfeln. Petersilie fein hacken. Butterschmalz in einer Pfanne erhitzen und die Schalottenwürfel zusammen mit der Petersilie farblos anschwitzen. Anschließend abkühlen lassen. Die Brötchen in kleine Würfel schneiden und die Milch aufkochen. Die Brötchenwürfel mit der heißen Milch übergießen und 10 Minuten ziehen lassen. Die eingeweichten Brötchen zusammen mit den Schalotten und den rohen Hühnereiern zur Fleischmasse geben. Mit Senf, Salz, Pfeffer, Piment d'Espelette und Paprika würzen und alles gut durchkneten. Sollte die Masse etwas zu weich sein, noch Semmelbrösel unterarbeiten. Ein Backblech mit Backpapier belegen und aus der Fleischmasse einen Hasenrücken formen. In die Mitte des „Rückens" der Länge nach eine Vertiefung drücken und die gekochten Wachteleier hineinlegen. Mit Hackmasse bedecken und festdrücken. Den Braten 40–45 Minuten im Ofen garen. Vor dem Anschneiden noch 5 Minuten ruhen lassen.

OBERLAUSITZER KARPFEN MIT ROTKOHL

FÜR 4 PERSONEN

ROTKOHL
3 Rotkohlköpfe
250 g Zucker
4 TL Salz
500 ml Rotweinessig
400 g Preiselbeerkonfitüre
1 l frischer Orangensaft
750 ml trockener Rotwein
750 ml roter Portwein
1 l Geflügelbrühe
2 Nelken
2 Lorbeerblätter
5 Wacholderbeeren
1 Sternanis
3 Pimentkörner
1 TL Pfefferkörner
1 Zimtstange
8 rote Zwiebeln
400 g Schmalz
500 ml Champagneressig
6 Granny Smith
400 g Wildpreiselbeeren
Salz, Pfeffer

Den Rotkohl zwei Tage vor der Verwendung marinieren. Dazu die Köpfe halbieren, den Strunk entfernen und den Kohl in feine Streifen schneiden. Zusammen mit 100 g Zucker, Salz, Essig, Konfitüre und Orangensaft kräftig durchkneten, vakuumieren und im Kühlschrank lagern. Nach Ablauf der zwei Tage den Rotkohl aus dem Beutel nehmen und in einem Sieb abtropfen lassen. Die Marinade dabei auffangen und durch ein Sieb geben. Mit Rotwein, Portwein und der Brühe auffüllen und auf die Hälfte einkochen lassen. Die Gewürze in ein Säckchen oder einen Teebeutel geben und zubinden. Die Zwiebeln schälen, halbieren und in feine Streifen schneiden. Den restlichen Zucker in einem großen Topf karamellisieren, Schmalz zugeben und verrühren. Dann die Zwiebelstreifen zugeben, kurz andünsten und mit dem Champagneressig ablöschen. Den Rotkohl zugeben, andünsten, mit der eingekochten Marinade auffüllen und das Gewürzsäckchen zugeben. Alles bei mittlerer Temperatur abgedeckt etwa 45 Minuten garen. Kurz vor Ende der Kochzeit die Äpfel schälen und auf einer Küchenreibe raspeln. Apfelraspel unterrühren, dann die Preiselbeeren zugeben und den Rotkohl mit Salz und Pfeffer abschmecken. 400 g des Rotkohls zur Seite stellen, den restlichen Kohl in Beutel füllen, vakuumieren und einfrieren.

OBERLAUSITZER KARPFEN MIT ROTKOHL
1 küchenfertiger Karpfen (1,5 kg)
400 g Rotkohl
Pflanzenöl zum Einpinseln
zerlassene Butter nach Bedarf
½ Zitrone, in Scheiben geschnitten

Den Backofen auf 200 °C Ober- und Unterhitze vorheizen. Den Karpfen unter fließend kaltem Wasser abspülen und mit Küchenpapier trocken tupfen. Die Bauchtasche mit dem Rotkohl füllen und die Öffnung mit Zahnstochern verschließen. Den Karpfen mit dem Öl einpinseln, auf ein geöltes Stück Alufolie legen und in der Folie einschlagen. Im Backofen etwa 1 Stunde garen. Herausnehmen und mit zerlassener Butter und Zitronenscheiben servieren. Dazu passen z. B. Salzkartoffeln.

SCHMÖLLNER MUTZBRATEN VOM THÜRINGER DUROC MIT SAUERKRAUT

FÜR 4 PERSONEN

SCHMÖLLNER MUTZBRATEN
1 kg Schweinekamm vom Thüringer Duroc
4 g Pfefferkörner
12 g Salz
3 g getrockneter Majoran
2–3 Birkenholz-Chunks oder 2 Handvoll Birken-Chips

Den Schweinekamm in etwa 200 g schwere Stücke schneiden und in eine Schüssel geben. Pfefferkörner im Mörser zerstoßen und mit Salz und Majoran zum Fleisch geben. Gewürze und Fleisch gut vermischen, Schüssel mit Klarsichtfolie abdecken und im Kühlschrank 4-6 Stunden marinieren. Birkenholz-Chunks oder Chips wässern. Den Grill oder Smoker auf 170 °C indirekte Hitze vorbereiten und das Birkenholz direkt auf die Kohle bzw. in die dafür vorgesehene Räuchereinheit geben. Die Fleischstücke auf einen Drehspieß stecken. Den Spieß in die Grillvorrichtung stecken und das Fleisch für 1–1,5 Stunden (Kerntemperatur 72–74 °C) drehend grillen. Sobald die Kerntemperatur erreicht ist, die Stücke vom Spieß lösen und abgedeckt kurz ruhen lassen.

SAUERKRAUT
500 g Sauerkraut
2 Zwiebeln
100 g Schinkenspeck
1 EL Butterschmalz
1 EL Zucker
50 ml Weißwein
200 ml Rinderbrühe
4 Wacholderbeeren
2 Lorbeerblätter
2 Nelken
8 Pfefferkörner
½ TL Kümmelsamen
Salz, Pfeffer

ZUM ANRICHTEN
4 Scheiben Mischbrot
4 TL Altenburger Senf

Das Sauerkraut in ein Sieb geben, unter fließendem Wasser ausspülen und gut abtropfen lassen. Zwiebeln schälen, halbieren und in feine Streifen schneiden. Den Speck fein würfeln. Butterschmalz in einem Topf erhitzen und die Zwiebelstreifen mit dem Speck darin anbraten. 1 EL Zucker zugeben und karamellisieren lassen, dann das abgetropfte Sauerkraut dazugeben und mit dem Weißwein ablöschen. Mit der Rinderbrühe aufgießen und bei mittlerer Temperatur köcheln lassen. Wacholder, Lorbeer, Nelken, Pfefferkörner und Kümmel in einem Mörser grob zerstoßen, dann in ein Säckchen oder einen Teebeutel füllen, zubinden und zum Sauerkraut geben. Etwa 30–40 Minuten köcheln lassen und dabei gelegentlich umrühren. Das Gewürzsäckchen entfernen und das Sauerkraut mit Salz und Pfeffer abschmecken. Zusammen mit Brot, Senf und Mutzbraten servieren.

BÖTEL MIT LEHM UND STROH

FÜR 4 PERSONEN

EISBEIN (BÖTEL)
2 Zwiebeln
2 gepökelte Eisbeine (à 300 g)
2 Lorbeerblätter
6 Nelken

Die Zwiebeln schälen und vierteln. Die Eisbeine in einen Topf mit ausreichend Wasser geben, Zwiebeln und Gewürze zugeben, alles einmal aufkochen und das Fleisch darin bei mittlerer Hitze etwa 1,5–2 Stunden köcheln lassen.

ERBSENPÜREE (LEHM)
300 g Trockenerbsen
1 Zwiebel
1 Selleriestange
Karotten
150 g Kartoffeln
50 g Butterschmalz
70 g gewürfelter Speck
1 Lorbeerblatt
1 TL Pfefferkörner

Die Erbsen am Vortag zum Einweichen in kaltes Wasser legen. Das Gemüse putzen und würfeln. Das Butterschmalz in einem Topf erhitzen, Speck zugeben und mit dem Gemüse anbraten. Dann die Erbsen zugeben, kurz mitrösten und alles mit Wasser auffüllen, bis die Erbsen gut bedeckt sind. Die Gewürze zugeben, alles einmal aufkochen und die Erbsen bei mittlerer Temperatur mit Deckel weich garen. Anschließend abschütten und abtropfen lassen. Alles wieder zurück in den Topf geben und mit einem Kartoffelstampfer grob zerdrücken. Das Püree mit Salz und Pfeffer abschmecken und bis zum Servieren warm stellen.

SAUERKRAUT (STROH)
1 kg Sauerkraut
Salz, Pfeffer
500 ml Weißwein
150 g Butter
gehackte Petersilie
Bautz'ner Senf nach Belieben

Das Sauerkraut in einen Topf geben, mit Salz und Pfeffer würzen und den Weißwein zugeben. Alles einmal aufkochen und etwa 20 Minuten unter gelegentlichem Rühren leicht köcheln lassen. Dann die Butter zugeben und unter das Sauerkraut rühren. Die Eisbeine mit dem Püree und dem Sauerkraut anrichten, mit der Petersilie bestreuen und mit dem Senf servieren.

THÜRINGER KLÖSSE

FÜR 4 PERSONEN

1,5 kg mehligkochende Kartoffeln
Salz
100 ml heiße Milch
1–2 TL Kartoffelstärke
1 Brötchen
1 EL Butter

500 g Kartoffeln schälen, klein schneiden und in ausreichend Salzwasser garen. Restliche Kartoffeln schälen und fein reiben. Die Kartoffelraspel in ein sauberes Küchenhandtuch geben und gut ausdrücken. Die gekochten, noch heißen Kartoffeln durch eine Kartoffelpresse drücken und mit der Milch verrühren. Dann die geriebenen Kartoffeln sowie die Stärke unterrühren und kräftig mit Salz würzen. Die Masse etwas abkühlen lassen. Das Brötchen in kleine Würfel schneiden. In einer Pfanne die Butter zerlassen und die Brötchenwürfel darin von allen Seiten goldgelb rösten, herausnehmen und auskühlen lassen. Aus der Kartoffelmasse gleich große Klöße formen und mit den Brötchenwürfeln füllen. Die Klöße in reichlich siedendem Wasser etwa 20 Minuten gar ziehen lassen. Sobald sie an der Oberfläche schwimmen, herausnehmen und auf Küchenpapier abtropfen lassen.

BÖHMISCHE KNÖDEL

FÜR 4 PERSONEN

2 Brötchen vom Vortag
200 g Weizenmehl
+ Mehl zum Bearbeiten
200 g Hartweizengrieß
1 TL Salz
200 ml Milch
1 Prise Zucker
1 Würfel Hefe (42 g)
2 Eier

Die Brötchen in kleine Würfel schneiden. Mehl, Grieß und Salz in einer Schüssel mischen. Milch erwärmen, Zucker zugeben und die Hefe darin unter Rühren auflösen. Die Milch mit den Eiern zur Mehlmischung geben. Alles mit den Knethaken eines Handrührgeräts zu einem Teig verarbeiten und auf einer leicht bemehlten Arbeitsfläche mit den Händen so lange kneten, bis der Teig glatt und geschmeidig ist. Dann die Brötchenwürfel unterkneten und den Teig abgedeckt an einem warmen Ort etwa 1 Stunde gehen lassen. Anschließend den Teig auf einer leicht bemehlten Arbeitsfläche kurz durchkneten und zu zwei Rollen formen. Nochmals abgedeckt an einem warmen Ort etwa 15 Minuten gehen lassen. Die Knödel erst in Frischhaltefolie einschlagen, dann in Küchenhandtücher oder in Aluminiumfolie wickeln und die Enden fixieren. Die Rollen in siedendes Wasser geben und etwa 40 Minuten darin gar ziehen lassen. Herausnehmen, aus der Folie wickeln und in Scheiben schneiden.

SPREEWALD-GURKEN

FÜR 5–6 EINMACHGLÄSER À 1 LITER

GEWÜRZLAKE
750 ml Weißweinessig
120 g Salz
500 g Zucker

Den Essig mit 3 l Wasser, Salz und Zucker aufkochen. Die Lake auskühlen lassen.

GEWÜRZMISCHUNG PRO GLAS
3 kg kleine Spreewaldgurken
1–2 TL Senfsamen
1–2 EL gehackter Dill
1 Zwiebel
6 Pfefferkörner
2 Pimentkörner
½ Lorbeerblatt

Backofen auf 175 °C Ober- und Unterhitze vorheizen. Gurken waschen und auf die Einmachgläser verteilen. Dann die Gewürzmischung zugeben, mit der Lake begießen, sodass die Gurken vollständig bedeckt sind, und die Gläser verschließen. Ein tiefes Backblech in die unterste Schiene des Backofens schieben und die Gläser so hineinstellen, dass sie sich nicht berühren. Das Blech etwa 2 cm hoch mit heißem Wasser füllen und die Ofentür schließen. Sobald in den Gläsern Luftbläschen aufsteigen, die Temperatur auf 150 °C reduzieren. Die Gurken 15–20 Minuten einkochen lassen. Den Backofen ausschalten und die Gläser darin 30 Minuten stehen lassen. Anschließend herausnehmen und vollständig abkühlen lassen.

KALTER HUND

FÜR 1 KASTENFORM (26 CM)

250 g Kokosfett
2 Eier
100 g Zucker
1 EL Vanillezucker
50 g Kakaopulver
4 EL Milch
50 g grob gemahlene Mandeln
300 g Butterkekse

Kokosfett in einen Topf geben und bei schwacher Hitze schmelzen lassen. Eier, Zucker, Vanillezucker, Kakao und Milch mit den Schneebesen eines Handrührgeräts verrühren. Das lauwarme Kokosfett mit den Mandeln unter die Masse mischen. Die Kastenform mit Backpapier auslegen und den Boden mit einer dünnen Schicht Schokocreme bedecken. Eine Lage Butterkekse hineingeben und mit der Creme bestreichen. Kekse und Creme abwechselnd einschichten, bis alles aufgebraucht ist. Den Kalten Hund im Kühlschrank fest werden lassen. Aus der Form stürzen, das Papier entfernen und den Kuchen in Scheiben geschnitten servieren.

BERLINER LUFT

FÜR 4–6 PERSONEN

WEINCREME
4 Blatt Gelatine
1 unbehandelte Zitrone
1 Vanilleschote
4 Eier
150 g Zucker
100 ml Weißwein

Die Gelatine in kaltem Wasser einweichen. Die Zitrone heiß abwaschen, abtrocknen, die Schale abreiben und den Saft auspressen. Die Vanilleschote längs halbieren und das Mark herauskratzen. Die Eier trennen. Eiweiß mit 50 g Zucker steif schlagen. Eigelb mit dem restlichen Zucker, Vanillemark, Zitronenabrieb, -saft und Weißwein in einem heißen Wasserbad mit den Schneebesen eines Handrührgeräts zu einer dicklich-cremigen Masse aufschlagen. Die Gelatine gut ausdrücken und in der warmen Masse auflösen. Die Creme anschließend kalt schlagen. Sobald die Masse abgekühlt ist, das Eiweiß portionsweise unterheben. Die Creme in Schalen füllen und etwa 3 Stunden kalt stellen.

HIMBEERSAUCE
300 g tiefgefrorene Himbeeren
50 g Zucker
80 g frische Himbeeren

Tiefgefrorene Himbeeren mit Zucker in einem Topf erwärmen, bis sie aufgetaut sind. Die Himbeeren durch ein Sieb streichen und das Mark auf der Creme verteilen. Mit den Himbeeren garniert servieren.

MILCHNUDELN MIT ZIMTBRÖSELN UND KIRSCHKOMPOTT

FÜR 4 PERSONEN

KIRSCHKOMPOTT
1 Glas Schattenmorellen (720 ml)
2 TL Speisestärke
10 g Vanillezucker

Die Kirschen abgießen und den Saft auffangen. ¼ des Saftes mit der Speisestärke verrühren. Den restlichen Saft zusammen mit dem Vanillezucker aufkochen, mit der angerührten Stärke binden und etwa 2 Minuten bei schwacher Hitze köcheln lassen. Anschließend die Kirschen zugeben, das Kompott vom Herd nehmen und abkühlen lassen.

ZIMTBRÖSEL
25 g geschälte Haselnüsse
50 g Hansa-Kekse
30 g Butter
1 Msp. gemahlener Zimt
1 TL Zucker

Die Haselnüsse in einer Pfanne ohne Fett rösten, auskühlen lassen und grob hacken. Die Kekse in einen Gefrierbeutel geben und mit einem Nudelholz oder Fleischklopfer in grobe Brösel zerkleinern. Die Butter zusammen mit einer Messerspitze Zimt und dem Zucker in einer Pfanne aufschäumen lassen. Keksbrösel und Nüsse hineingeben, unter Rühren bei mittlerer Hitze kurz rösten und abkühlen lassen.

MILCHNUDELN
1 Vanilleschote
850 ml Milch
250 g Sahne
45 g Zucker
400 g Spirelli

Die Vanilleschote der Länge nach halbieren und das Mark mit dem Messerrücken auskratzen. Mark zusammen mit der Schote in einen Topf geben, Milch, Sahne und Zucker zugeben und alles zum Kochen bringen. Die Nudeln zugeben und bei mittlerer Temperatur köcheln lassen, bis sie weich sind und die Flüssigkeit anfängt einzudicken. Dabei gelegentlich umrühren. Die Zimtbrösel über die Nudeln streuen und mit dem Kirschkompott servieren.

Maß aller Dinge – das Sudhaus der Brauerei Faust im unterfränkischen Miltenberg gewährt Einblick ins Herz der Bierherstellung

SÜDEN

ALLES ANDERE ALS FLACH

KOMPASS SÜDEN

K04

Die getrüffelte Poularde aus der Salzkruste gehört zu den Klassikern im Schwarzen Adler in Vogtsburg-Oberbergen am Kaiserstuhl

SÜDEN

Von allem nur das Beste

DIE REGIONALKÜCHE IM SÜDEN

Wo beginnt er eigentlich, der „kulinarische Süden"? Die Antwort ist denkbar einfach: dort, wo allein der Gedanke an Mayonnaise im Kartoffelsalat für blankes Entsetzen sorgt! Das hat tiefe historische Wurzeln: Wir befinden uns in dem Teil Deutschlands, der vor rund 2000 Jahren am längsten unter römischer Besatzung stand und von der mediterran geprägten, gänzlich mayofreien (Ess-)Kultur jenseits der Alpen nachhaltig beeinflusst wurde. Hier wird mit Leidenschaft gekocht, sind Kartoffeln und Brot in den vielen Wirtshäusern weitaus mehr als nur Sättigungsbeilage. Zum Essen sind Wein oder Bier absolut unverzichtbar.

In Franken verwendet man für Letzteres viel vom eigenen Hopfen, dem „grünen Gold" der Region, und spült damit besonders gerne Fisch hinunter, ob am Steckerl oder als „Meefischli", kleine frittierte Fische aus dem Main. Die ausgedehnten Wälder liefern reichlich Wildfleisch, hier wachsen Pilze für schmackhafte Saucen oder Suppen und natürlich wilde Obstbäume, die die wertvolle Frucht-Basis für die diversen Schnäpse der örtlichen Brennereien liefern. Und schließlich kommen Brezen, Weißwurst, Leberkäse und Grillhaxen nicht nur in Münchner, sondern auch in Bamberger und Kulmbacher Biergärten auf den Tisch. Nürnberg ohne Rostbratwürstchen und Blaue Zipfel ist genauso unvorstellbar wie ohne den berühmten Lebkuchen, dessen exotische Gewürze Zeugnis ablegen von den mittelalterlichen Handelsbeziehungen der Fugger und Welser ans Mittelmeer und darüber hinaus.

Die bayerische Küche kann auch mal recht hemdsärmelig daherkommen. Da wird das Rind inklusive aller Innereien von Lunge bis Leber genutzt und der „g'scheite Schweinsbraten" traditionell für den Sonntag reserviert. Süße Mehlspeisen wie Strudel und Rohrnudeln, ein Erbe römischer Kochkunst und Ofentechnologie, sind letztendlich eine Form von Pasta und gelten als vollwertiger Hauptgang.

Weiter westlich ist die Küche Schwabens vom rauen Klima und den kargen Böden der Alb geprägt. Hier schabt man Spätzle aus Mehlteig und serviert sie mit Linsen, einst das „Eiweiß der Armen", brät sie mit dem in ganz Deutschland allgegenwärtigen Weißkohl oder überbackt sie mit würzigem Allgäuer Bergkäse. Noch schlichter sind saure Spätzle in einer mit Essig abgeschmeckten dunklen Mehlschwitze. Dagegen muten Maultaschen - mit Spinat gestrecktes Hackfleisch im Nudelteig, noch dazu mit Zwiebeln „g'schmälzt" - geradezu wie Luxus an.

GLÜCKLICHE „STERN-BEZIEHUNG"

Ganz anders in Baden, wo sich das milde Klima des Oberrheintals mit dem romanischen Erbe vereint (Spargel! Wein!), wo Schweiz und Elsass heute im Alemannischen aufeinandertreffen. Da darf es gerne ein Schuss Sahne, ein Schlag Butter oder ein Ei mehr sein. Außer grünem Tann und Kuckucksuhren liefert der Schwarzwald Wild, Schinken, Forellen und Speisepilze sowie die Hinterwälder Rinder, samt Milch und Fleisch von den Bergweiden. Nicht von ungefähr spielt Baden-Württemberg, seit jeher eine Hochburg der Feinschmecker, in der gastronomischen Top-Liga, hält das Land doch bis heute den größten Anteil an deutschen Sterne-Restaurants - und das bereits seit der ersten deutschen Nachkriegsrunde des Guide Michelin im Jahr 1966!

K(l)eine Sünde auf der Alm

ALLGÄUER BERGKÄSE

Der Bergkäse gehört zum Allgäu wie der Sauerbraten zum Rheinland – das eine geht nicht ohne das andere. Diese Einheit aus Geschmack und Region können Städter vor allem dann erleben, wenn sie die süddeutsche Landschaft im Frühsommer erkunden: bei Wanderungen zu den alpinen Gipfeln der Nagelfluhkette, auf den mehr als 1700 Meter hohen Grünten, über die sanften Hügel am Bodensee oder entlang idyllischer Wiesen voller Wildblumen und duftender Kräuter. Begleitet vom Klang der Kuhglocken ist es dann nicht mehr weit bis zur nächsten Sennerei, wie die Käsereien hier heißen. Milch, Butterbrot – und Käse! Was braucht es mehr?

FAST ZU KITSCHIG, UM WAHR ZU SEIN

Einst baute man an den Hängen des Allgäus Flachs an, doch als im Zuge des 19. Jahrhunderts die Baumwolle das Leinen weltweit verdrängte, unterzog sich das Allgäu einem Farbwechsel: Aus den blauen Flachssäckern wurden grüne Weiden. Im Sommer ziehen die Senner mit ihren Kühen vielerorts auf die Alpe, wo die aromatischen Kräuter der Bergwiesen der Milch und dem Käse einen unvergleichlichen Geschmack verleihen. Im Tal verbleibt derweil genug Gras, um daraus Heu für den Winter machen zu können. In Kupferkesseln wird dort oben über offenem Feuer behutsam gekäst, mit hölzernem Gerät gearbeitet, bevor die Laibe im kühlen Steinkeller in aller Ruhe reifen dürfen. Dorfsennereien hingegen sind rund ums Jahr aktiv, genossenschaftlich organisierte moderne Kleinbetriebe, die die Milch der umliegenden Dorfbauern in größeren Mengen verarbeiten und damit ihren Teil zur Erhaltung kleinräumiger Strukturen beitragen. Ob im kleinen oder großen Stil produziert: Das Ergebnis ist stets ein fester, süßlichnussiger Käse, dessen unvergleichlicher Geschmack so typisch ist für diese Region. Fettarm ist die voralpine, hocharomatische Delikatesse keinesfalls, dafür aber jede Sünde wert!

Die runden, handtellerhohen Laibe stellen eine alte Form des Konservierens und Konzentrierens dar: Aus zehn bis zwölf Litern frischer Milch entsteht etwa ein Kilo Käse, der viele Monate gelagert werden kann. Durch die Reifezeit schmeckt er immer würziger und ausdrucksvoller. Traditionell deckt er nicht nur den eigenen Tisch der Bauern in den milcharmen Wintermonaten, sondern ist auch woanders heiß begehrt. Das „grüne" Allgäu erfuhr seinen wirtschaftlichen Aufschwung, als weitsichtige lokale Unternehmer ab 1820 Senner aus dem Schweizer Nachbarland engagierten. Die brachten das Know-how für die Herstellung der großen Emmentaler-Laibe mit, trugen aber auch entscheidend zur geschmacklichen Verbesserung des Allgäuer Bergkäses bei.

SÜDEN

Grasen de luxe: Auf diesen üppigen Weiden werden auch anspruchsvolle Kühe fündig

Bis heute wird dieser Käse aus frischer unbehandelter, also „roher" Milch gefertigt. Milchsäurebakterien wandeln Milchzucker in Säure um, Enzyme – das Lab – bringen das Kasein-Eiweiß zum Gerinnen, milde Hitze und Rühren sorgen für verstärktes Austreten der flüssigen Anteile, Molke genannt, aus der nun festen Milch. Übrig bleibt der Käsebruch, der mithilfe von Tüchern und Spannringen zu mächtigen, 15 bis 50 Kilogramm schweren Laiben gepresst wird. Nach einem wohltuenden Bad in Salzlake wandern diese in den Reifekeller, wo sie mit Hingabe regelmäßig gewendet und feucht gebürstet werden, sodass eine aromatische Rinde entsteht. Mindestens vier Monate reift der Käse, bis er seine geschmeidige Konsistenz und den feinwürzigen, leicht nussartigen Geschmack entwickelt hat. Bei längerer Reifezeit wird das Aroma entsprechend kräftiger.

So kann auch der Städter nach langer Wanderung seine Brotzeit so richtig genießen – und vor der traumhaften Kulisse des Allgäus schmeckt es noch mal so gut!

Ruhe sanft: Im Reifekeller hat der Käse genügend Zeit, um sein volles Aroma zu entfalten

Hier rollen Köpfe
FILDER-SPITZKRAUT

Frech reckt sich die grüne Zipfelmütze der Sonne entgegen und wartet ungeduldig auf ihre Weiterverarbeitung zu Filder-Spitzkraut

SÜDEN

So feine lange Streifen, so knackig und doch nicht hart, so aromatisch und doch überhaupt nicht sauer. Warum bloß schmeckt Filder-Spitzkraut so viel feiner als anderes Sauerkraut? Die Antwort findet sich wenige Kilometer südlich von Stuttgart in der Filder-Hochebene: Das dortige feuchtmilde Klima ist genau richtig, der tiefgründige Lehmboden gut wasserhaltend, der Herbst lang und die rauen Winde ideal, um Insekten zu vertreiben. Ab etwa 1800 nimmt der Kohl, hier „Kraut" genannt, eine immer zentralere Rolle ein und löst damit auch an diesem Ort den Flachs ab, weil sich die Hausweberei nicht mehr lohnt. Für kleine landwirtschaftliche Betriebe stellt das Kraut eine zwar arbeitsintensive, aber lohnende Handelsware dar, denn es eignet sich hervorragend für die Herstellung von haltbarem, gesundem Sauerkraut, das die emsige schwäbische Hausfrau noch bis Mitte des 20. Jahrhunderts selbst hobelt und einsalzt.

Das geht so lange gut, bis das spitze Kraut wie so vieles der Effizienz der globalen Moderne geopfert wird. Kleine Familienbetriebe, die den Hausfrauen die Arbeit abgenommen haben, geraten wiederum unter den Konkurrenzdruck größerer Unternehmen in Niederbayern. Vollkonserven eröffnen neue Absatzwege. Filderkraut ist zu diesem Zeitpunkt schon eine erfolgreich eingeführte Marke und die Versuchung daher groß, runde Köpfe aus den Niederlanden und Italien zuzukaufen. Auf den „Fildern" hält die Technik Einzug, das maschinell viel rationeller zu verarbeitende und durch den geringeren Saftanteil ergiebigere Rundkraut bekommt nochmals Vorschub. Und da es sowieso niemanden zu interessieren scheint, was für Kraut da tatsächlich verarbeitet wird, wachsen ab Mitte der Siebzigerjahre rund um Filderstadt beinahe ausschließlich runde Köpfe.

ZURÜCK ZUR SPITZE

Doch einige Erzeuger machen sich stark für den spitzen Kohl, kämpfen für seinen Markt. 2006 stellt eine Interessengemeinschaft den Antrag auf geografischen Schutz, unter dem Spitzkraut an sich zwar in anderen Gegenden angebaut, aber nicht als Filderkraut vermarktet werden darf. Und so rollen heute im Herbst wieder Fuhren voller Spitzkohlköpfe in die Höfe, wo sie von krautputzenden Menschen und hobelnden Maschinen vorbereitet werden für die Gärsilos, in denen sie in feinen Streifen unter vollständigem Luftabschluss spontan vor sich hingären können.

Eingemachtes Filder-Spitzkraut. Das Rezept steht auf Seite 160

Doch worin liegt nun das Geheimis des Filderkrauts? Seine Blätter haben weniger Rippen und ergeben daher besonders lange, feine Streifen; zudem enthalten sie mehr Zucker und andere wertvolle Inhaltsstoffe als gängige Rundkohlarten. Aus dem Zucker entstehen bei der Gärung Milchsäure und Spuren von Essigsäure, was Geruch und Geschmack prägt, sodass das fertige Sauerkraut nicht einseitig sauer, sondern durch seine Komplexität milder und gewissermaßen „gemüsiger" schmeckt. Für Fans ein Hochgenuss!

SÜDEN

Die Guten fürs Töpfchen
SCHWÄBISCHE ALBLINSEN

Cool und geradezu kosmopolitisch klingt „Pasta e lenticchie". „Leisa mit Spätzla" (für Nicht-Schwaben: Linsen mit Spätzle) dagegen eher bodenständig und gemütlich. Welchen Ausdruck auch immer man bevorzugt, dahinter verbirgt sich eines der einfachsten, ältesten und wichtigsten schwäbischen Gerichte überhaupt. Günstig (ums Klischee zu bedienen!) und gesund, ökologisch sinnvoll und gut. Mehr noch: Seit einiger Zeit erlebt die unscheinbare Hülsenfrucht nicht nur im „Ländle" ein einzigartiges Comeback, sind die Leisa doch tatsächlich Alb-Leisa, gewachsen auf den steinigen, kargen Böden der vielfach rauen Schwäbischen Alb und dem Albvorland, südöstlich von Stuttgart bis kurz hinter Ulm.

Seit Beginn des Ackerbaus liefern Linsen wertvolles Eiweiß, schon in der Bronzezeit hatten sie sich von Mesopotamien bis nach Deutschland und Frankreich verbreitet. Heute sind sie längst nicht mehr nur Grundnahrungsmittel, sondern auch fester Bestandteil der gehobenen Küche. Bis vor Kurzem hatten unsere französischen Nachbarn dabei den „besseren Stoff", allen voran die intensiv erdig-nussig schmeckenden kleinen grünen Linsen aus Puy in der Auvergne. Inzwischen gehört das revidiert, denn heute gibt es - endlich wieder - Alb-Leisa, angebaut von rund 70 Bauern auf der Schwäbischen Alb mit einem gemeinsamen Aufbereitungsbetrieb in Lauterach. Der Weg dorthin: steinig, aber spannend!

Mühsam war das Ganze immer schon und tendenziell wenig rentabel, weswegen der hauptsächlich für den Eigenbedarf betriebene Linsenanbau in den Fünfzigerjahren auch aufgegeben wurde. Dennoch besann sich 1985 ein einzelner Hof auf die eigenen Linsen für das Leib- und Magengericht, konnte aber kein ursprüngliches Saatgut mehr auftreiben. Man wich daher auf die für Böden und Klima gut geeigneten Puy-Linsen aus, begann mit wenigen Hektar, verkaufte an Freunde und Nachbarn. Die Nachfrage

Welch eine Pracht:
Ein jahrhundertealtes schwäbisches Kulturgut kann endlich wieder gelöffelt werden

war gut, im Laufe der Jahre folgten andere Höfe als Zulieferer. 2001 gründete man die Öko-Erzeugergemeinschaft Alb-Leisa, 2005 wurde die Alb-Leisa französischer Abstammung Slow-Food-Arche-Passagier. So weit, so gut. An diesem Punkt könnte die Erfolgsstory im Prinzip enden und wäre trotzdem eine. Doch dann die überraschende Wendung.

„SAMENSPENDE" AUS RUSSLAND

Ein Jahr später stießen die findigen Alb-Bauern in der Wawilow-Saatgutbank in St. Petersburg auf die historischen Sorten des Haigerlocher Linsenbauern Fritz Späth. Eine Delegation aus dem Lautertal reiste gen Osten und nahm wenige hundert Samen in Empfang. Deren Vermehrung war aufwendig, doch sie gelang! 2011 wurden erstmals wieder Original-Alb-Leisa zum Verkauf angeboten: zuerst Späths Alblinse II „Die Kleine", festkochend und nussig, dann Späths Alblinse I „Die Große", eine mehligkochende Variante – besonders geeignet für die allseits beliebte Spätzle-Kombi. Heute machen die beiden „Alten" über die Hälfte des Anbaus aus.

Das ist nicht nur aus kulinarischer Sicht großartig. Auf der Alb werden Linsen traditionell zusammen mit Getreide als Rankhilfe ausgesät und wachsen zwischen Gerste oder Hafer – und einer Vielzahl von Wildkräutern. All das führt zu einer im Kontext moderner Landwirtschaft beeindruckenden Biodiversität: Über 2000 unterschiedliche Arten von Klein- und Kleinstlebewesen existieren im Zusammmenspiel mit jeweils einer bestimmten Pflanze und sorgen für ein stabiles ökologisches Gleichgewicht. Die aufwendige Reinigung und Sortierung nimmt man dabei in Kauf. Geschah dies früher mühsam von Kinderhand unter großem Zeitaufwand, gibt es heute dafür eigens entwickelte Maschinerie, die das aufwendige Trennen, Reinigen und Aussieben übernimmt. Und erfreulich viele Gourmets, die den feinen Geschmack der „Guten" schätzen.

Das „Correspondenzblatt des Königlich Württembergischen Landwirthschaftlichen Vereins" schrieb 1844: „Das Hällische Land ist das Land der Schweine, nirgendwo sonst trifft man die eigentümlich vorzügliche Rasse von Schweinen an, welche der Hällische Bauer hat." Es war die Zeit des landwirtschaftlichen Aufschwungs; nach englischem Vorbild trachtete man danach, die alten Landrassen durch Züchtung zu „verbessern" – was damals hieß: mehr Fett! Gleichzeitig mussten die Tiere robust und widerstandsfähig sein, um sich an die Stallhaltung anzupassen, die durch den verstärkten Anbau von Kartoffeln und Rüben als Futtermittel nun möglich war. Bis zu diesem Zeitpunkt hatten Schweine auf der Weide gelebt, waren im Herbst in den Wald getrieben worden, um sich an Eicheln, Bucheckern und Wurzeln satt und rund zu fressen. Das entspricht ihrem Wesen: Hausschweine stammen vom Wildschwein ab, sind ursprünglich Waldbewohner, lebhafte familiäre Gruppentiere, die als Allesfresser ein vielfältiges Nahrungsangebot schätzen.

SCHWÄBISCH-HÄLLISCHE – AUF DIESE SCHWEINE KONNTE MAN BAUEN

Doch das sollte sich nun nachhaltig ändern. Schon 1821 hatte König Wilhelm I. von Württemberg Chinesische Maskenschweine importieren lassen, um die Qualität der einheimischen Landrassen zu steigern. Es folgten Kreuzungen mit englischen Rassen. Die daraus hervorgehenden Hybriden wurden mit der ursprünglichen Landrasse zurückgekreuzt – es war die Geburtsstunde des Schwäbisch-Hällischen! Das auch Hällisch-Fränkisches oder Mohrenköpfle genannte Borstenvieh zeigte sich vorn und hinten schwarz, mit einem weißen Tupfer am Ende der Schwanzspitze und einem grauen Rand zum breiten, rosaweißen stämmigen Körper hin. Hochbeinig kam es daher, widerstandsfähig, stressresistent und vor allem fruchtbar, mit bis zu zwölf Ferkeln pro Wurf. Was konnte sich der schwäbisch-hällische Schweinebauer mehr wünschen? Zumal das Fleisch dank ausreichend Fett außerordentlich gut und saftig schmeckte. 1951 waren rund die Hälfte der Schweine „Mohrenköpfle", in und um Schwäbisch Hall im Nordosten Württembergs.

STRESSFREI DURCH DIE MAGEREN ZEITEN

Dann schlug die Fitnesswelle zu, Fleisch musste fettarm sein, Züchter agierten dementsprechend. Anfang der Achtzigerjahre galten die munteren, weidegängigen Schwäbisch-Hällischen als ausgestorben. Doch erwiesen sie sich auch in dieser Hinsicht als ausgesprochen „robust". Engagierte Landwirte begannen 1984 eine neue Zucht – denn Stressresistenz, Widerstandsfähigkeit, Freilandtauglichkeit, das waren im Zuge der Ökobewegung außerordentliche Eigenschaften für ein Schwein! 1986 gründete sich die entsprechende Züchtervereinigung, 1998 wurde der geografische Schutz der Rasse eingetragen. Seitdem müssen Schwäbisch-Hällische aus diesem und den umliegenden Landkreisen kommen und auch dort gezüchtet werden. Eine Erzeugergemeinschaft garantiert die Abnahme, bezahlt nachhaltige Preise und sichert so den Fortbestand der Höfe. Und damit auch den der (heute politisch unkorrekten!) „Mohrenköpfle".

Entspannter geht's nicht: Diese Exemplare der Bäuerlichen Erzeugergemeinschaft Schwäbisch Hall gedeihen absolut stressfrei

SÜDEN

Voll fett!
SCHWÄBISCH-HÄLLISCHES SCHWEIN

LUSCHD AUF SPÄT

REZEPTE AUS DEM SÜDEN DEUTSCHLANDS

SÜDEN

ZLE?

SPARGEL MIT SCHWARZWÄLDER SCHINKEN UND KRATZEDE

FÜR 4 PERSONEN

SPARGEL
2 kg weißer Spargel
Salz
Zucker
2 EL flüssige Butter zum Beträufeln
Pfeffer

Spargel schälen und die holzigen Enden abschneiden. Ausreichend Wasser zum Kochen bringen und kräftig mit Salz und Zucker würzen. Den Spargel darin etwa 14–16 Minuten leicht sprudelnd kochen. Zum Servieren mit der flüssigen Butter beträufeln und mit frisch gemahlenem Pfeffer würzen.

KRATZEDE
3 Eier
Salz
100 ml Milch
100 ml Mineralwasser
125 g Weizenmehl
½ Bund Schnittlauch
4 Stängel Petersilie
Pfeffer
Muskatnuss
2 EL Pflanzenöl zum Braten
2 EL Butter zum Braten
240 g Schwarzwälder Schinken in dünnen Scheiben

Den Backofen auf 100 °C Ober- und Unterhitze vorheizen. Die Eier trennen und die Eigelbe mit etwas Salz und der Milch verquirlen. Dann das Mineralwasser zugeben und zum Schluss das Mehl nach und nach unterrühren. Den Teig etwa 30 Minuten quellen lassen. Die Kräuter in Röllchen schneiden bzw. fein hacken. Das Eiweiß mit einer Prise Salz steif schlagen und zusammen mit den Kräutern vorsichtig unter den Teig heben. Den Teig mit Pfeffer und Muskat abschmecken. Öl und Butter in einer Pfanne erhitzen und den Teig etwa 2 cm hoch einfüllen. Den Teig nach und nach bei mittlerer Hitze von beiden Seiten goldbraun backen. Anschließend in grobe Stücke zerreißen und bis zum Servieren im Backofen warm stellen. Den warmen Spargel zusammen mit dem Schinken und der Kratzede servieren.

DINNETE

FÜR 6 PERSONEN

21 g frische Hefe
500 g Dinkelmehl
1 gehäufter TL Salz
3 EL Oliven- oder Sonnenblumenöl
Dinkelmehl zum Bearbeiten
2 große Zwiebeln
1 Bund Schnittlauch
150 g saure Sahne
1 Ei
1–2 TL Salz
1 Prise Pfeffer
gemahlener Kümmel nach Bedarf
150 g Speckwürfel

Die Hefe in 300 ml lauwarmem Wasser auflösen. Mehl und Salz vermischen, die Hefemischung unterrühren, das Öl zugeben und alles mit den Knethaken eines Handrührgeräts verkneten. Den Teig auf einer leicht bemehlten Arbeitsfläche etwa 5 Minuten mit den Händen weiterkneten, bis der Teig glatt und geschmeidig ist. Den Teig etwa 1 Stunde abgedeckt an einem warmen Ort gehen lassen. Anschließend den Teig auf einer leicht bemehlten Arbeitsfläche kneten und in 6 gleich große Stücke teilen. Den Teig nochmals 15 Minuten ruhen lassen. In der Zwischenzeit die Zwiebeln schälen und in feine Würfel schneiden. Schnittlauch in Röllchen schneiden. Saure Sahne mit Ei, Salz, Pfeffer, Kümmel und Schnittlauch zu einer Creme verrühren. Den Backofen mit einem Backblech oder einem Pizzastein auf 220 °C Ober- und Unterhitze vorheizen. Die Teigportionen auf einer leicht bemehlten Arbeitsfläche mit den Händen flach drücken oder mit einer Teigrolle zu Fladen ausrollen. Die Fladen mit der Creme bestreichen, Zwiebel- und Speckwürfel darauf verteilen. Jeweils zwei Fladen auf das heiße Backblech in den Ofen schieben und etwa 10–15 Minuten backen. Die restlichen Fladen auf die gleiche Weise zubereiten.

BUCHWEIZENCRÊPES MIT RÄUCHERAAL-CREME UND GURKENCARPACCIO

FÜR 4 PERSONEN

BUCHWEIZENCRÊPES
125 g Buchweizenmehl
375 ml Milch
2 Eier
60 g flüssige Butter
Salz, Pfeffer
1 Prise Zucker
2 EL Butter zum Braten
2 EL Pflanzenöl zum Braten

Das Mehl mit der Milch, den Eiern und der Butter zu einem glatten Teig verrühren. Mit Salz, Pfeffer und Zucker würzen und den Teig 30 Minuten quellen lassen. Etwas Butter und Pflanzenöl in einer beschichteten Pfanne erhitzen, nacheinander aus dem Teig 4 Crêpes ausbacken und abkühlen lassen.

RÄUCHERAAL-CREME
250 g Räucheraalfilet ohne Haut
1 Schalotte
1 EL Butter
3 angedrückte Wacholderbeeren
1 Zweig Thymian
30 ml trockener Weißwein
20 ml Pernod
150 ml Fischfond
200 ml Sahne
4 Blatt Gelatine
4 Stängel Dill
2 Stängel Petersilie
Salz, Pfeffer
Cayennepfeffer
Saft von 1 Zitrone
4 Buchweizencrêpes

100 g Räucheraal in kleine Würfel schneiden und beiseitestellen. Die Schalotte schälen und in feine Würfel schneiden. Butter in einem Topf erhitzen und die Schalottenwürfel mit den Wacholderbeeren und dem Thymian darin andünsten. Mit Weißwein, Pernod und dem Fischfond auffüllen und aufkochen. 60 ml der Sahne zugeben und alles etwa 10 Minuten bei mittlerer Hitze einkochen lassen. Die Gelatine in kaltem Wasser einweichen und die restliche Sahne steif schlagen. Dillspitzen und Petersilienblätter von den Stängeln zupfen und hacken. Wacholderbeeren und Thymian aus dem Sud nehmen und den restlichen Räucheraal mit einem Stabmixer unter die Flüssigkeit mixen. Die ausgedrückte Gelatine einrühren und alles mit Salz, Pfeffer, Cayennepfeffer und Zitronensaft abschmecken. Die Masse abkühlen lassen, bis die Gelatine zu binden beginnt. Dann die geschlagene Sahne, die gehackten Kräuter und die Räucheraal-Würfel vorsichtig unterheben. Die Crêpes auf Klarsichtfolie auslegen und die Räucheraal-Creme gleichmäßig darauf verteilen. Die Crêpes mit Hilfe der Folie straff einrollen, die Enden zudrehen und die Rollen 2–3 Stunden kühl stellen.

GURKENCARPACCIO
2 kleine Gartengurken
½ TL Koriandersamen
½ TL Senfsaat
1 Sternanis
6 Pfefferkörner
2 Nelken
125 ml Weißweinessig
5 g Zucker
½ TL Salz
+ Salz nach Bedarf
1 Scheibe Ingwer
1 Lorbeerblatt
150 g Schmand
Abrieb von 1 Zitrone
Salz

Die Gurken schälen, in Scheiben schneiden und das Kerngehäuse entfernen. Gurkenscheiben in eine Auflaufform legen. Koriander, Senfsaat, Sternanis, Pfeffer und Nelken ohne Fett in einer Pfanne rösten, bis sich die ätherischen Öle entfalten. Gewürze herausnehmen und in einem Mörser zerstoßen. Den Weißweinessig mit 80 ml Wasser, Zucker, Salz, Ingwer und Lorbeerblatt aufkochen, bis sich Salz und Zucker aufgelöst haben. Die gemörserten Gewürze zugeben und den Sud über die Gurkenscheiben gießen. Abgedeckt mindestens 3 Stunden im Kühlschrank ziehen lassen. Den Schmand mit Zitronenabrieb und Salz abschmecken, in einen Spritzbeutel füllen und kalt stellen. Zum Anrichten die Gurkenscheiben aus dem Sud nehmen und abtropfen lassen. Auf Tellern wie ein Carpaccio anrichten und die Löcher in der Mitte der Gurkenscheiben mit Schmand füllen. Die Buchweizencrêpes mit Räucheraal-Creme auswickeln, die Enden abschneiden und die Rolle in der Mitte schräg halbieren. Zum Gurkencarpaccio anrichten und servieren.

REGENSBURGER WURSTSALAT MIT RADIESCHENVINAIGRETTE AUF BREZELKNÖDEL-CARPACCIO

FÜR 4 PERSONEN

WURSTSALAT
200 g Regensburger
100 g Allgäuer Bergkäse
6 EL Apfelessig
2 TL Senf
1 TL Meerrettich
Salz, Pfeffer
6 EL Rapsöl
2 Gewürzgurken
1 kleine Salatgurke (ca. 100 g)
½ Bund Radieschen
1 Frühlingszwiebel
1 rote Zwiebel
1 Bund Schnittlauch
1 Kästchen Kresse

Wurst und Käse in dünne Streifen schneiden. Für die Marinade Essig, Senf und Meerrettich glatt rühren und mit Salz und Pfeffer abschmecken. 6 EL Wasser und Öl zugießen. Wurst und Käse vermischen, die Marinade zugeben, alles gut vermengen und etwa 30 Minuten ziehen lassen. In der Zwischenzeit Gewürzgurken in dünne Streifen schneiden. Salatgurke putzen, längs halbieren, mit einem Löffel die Kerne herauskratzen und die Gurke klein würfeln. Radieschen putzen und in dünne Scheiben schneiden. Frühlingszwiebel putzen und in feine Ringe schneiden. Zwiebel schälen, in dünne Ringe schneiden oder auf einer Küchenreibe fein hobeln. Schnittlauch in Röllchen schneiden und die Kresse abschneiden. Mit den restlichen Zutaten unter den Wurstsalat mischen, etwa 1 Stunde ziehen lassen, mit Salz und Pfeffer abschmecken.

BREZELKNÖDEL-CARPACCIO MIT WURSTSALAT
300 ml Milch
200 g Laugenbrezeln vom Vortag
4 EL Butter + Butter zum Braten
2 Eiweiß
4 Eigelb
½ Bund Petersilie
Salz, Pfeffer

Milch erwärmen. Brezeln in kleine Würfel schneiden, mit der Milch übergießen und ca. 30 Minuten quellen lassen. 2 EL Butter in einem kleinen Topf zerlassen. Eiweiß steif schlagen. Petersilie putzen und fein hacken. Eigelbe, zerlassene Butter sowie Petersilie unter die Brezelmasse rühren und zum Schluss vorsichtig das geschlagene Eiweiß unterheben. Mit Salz und Pfeffer würzen. Die Masse auf Klarsichtfolie geben und zu einer Rolle formen (Ø 6–7 cm). Mit Alufolie umwickeln, die Enden gut zudrehen und in leicht kochendem Wasser ca. 25 Minuten garen. Teigrolle herausnehmen, abkühlen lassen, von der Folie befreien und in Scheiben schneiden. Die restliche Butter in der Pfanne zerlassen und die Knödelscheiben darin von beiden Seiten goldgelb braten. Scheiben auf Teller anrichten, darauf den Wurstsalat verteilen und servieren.

TATAR VON DER GERÄUCHERTEN SCHWARZWALDFORELLE MIT REIBEKUCHEN

FÜR 4 PERSONEN

FORELLENTATAR
320 g geräuchertes Forellenfilet ohne Haut
1 kleiner Granny Smith
6 Radieschen
80 g Schmand
30 g Crème double
2 TL Rapsöl
Salz, Pfeffer
Zucker
Cayennepfeffer
3 Stängel Dill
1 unbehandelte Zitrone

Forellenfilet in kleine Würfel schneiden. Apfel schälen, das Kerngehäuse entfernen und den Apfel ebenfalls fein würfeln. Die Radieschen waschen, putzen und auf einer Küchenreibe fein raspeln. Schmand mit Crème double und Rapsöl in eine Schüssel geben und glatt rühren. Mit den Gewürzen abschmecken. Den Dill zupfen und fein hacken. Die Zitrone waschen und die Schale fein abreiben. Dill und Zitronenabrieb unter den Schmand rühren. Den Saft der Zitrone auspressen und ebenfalls zugeben. Forelle, Apfel und zwei Drittel der Radieschen mit dem Schmand vermischen und nochmals abschmecken. Die restlichen Radieschen bis zum Servieren abgedeckt kalt stellen. Das Forellentatar abdecken und mindestens 1 Stunde kalt stellen.

REIBEKUCHEN
2 Eier
2 EL Weizenmehl
1 kg Kartoffeln
2 Zwiebeln
Salz, Pfeffer
Pflanzenöl zum Braten
geriebene Radieschen
Forellentatar

Eier mit dem Mehl verrühren. Kartoffeln schälen und auf einer Küchenreibe fein reiben. Die geriebenen Kartoffeln in einem Küchenhandtuch ausdrücken und zur Ei-Mehl-Masse geben. Zwiebeln schälen, in feine Würfel schneiden und ebenfalls unter die Masse heben. Mit Salz und Pfeffer abschmecken. In einer Pfanne etwas Öl erhitzen und darin nacheinander kleine Reibekuchen braten. Auf Küchenpapier abtropfen lassen. Das Tatar mit den restlichen Radieschen garnieren und zu den Reibekuchen servieren.

BODENSEE-FELCHEN „MÜLLERIN" MIT SPINATSOUFFLÉ

FÜR 4 PERSONEN

SPINATSOUFFLÉ
100 g weiche Butter
3 Eier
300 g frischer Babyspinat
1 Bund glatte Petersilie
50 ml Sahne
30 g Semmelbrösel
Salz, Pfeffer
Muskatnuss

Den Backofen auf 190 °C Ober- und Unterhitze vorheizen. 75 g Butter mit den Schneebesen eines Handrührgeräts schaumig aufschlagen. Die Eier trennen und die Eigelbe nacheinander unter die aufgeschlagene Butter rühren. Spinat und Petersilie waschen und die Blätter von den Stielen zupfen. Spinat und Petersilie in kochendem Salzwasser blanchieren und in Eiswasser abschrecken. Abtropfen lassen und mit einem Stabmixer fein pürieren. Die Spinatmasse zusammen mit der Sahne und den Semmelbröseln unter die Butter-Eigelb-Mischung rühren. Die Masse mit Salz, Pfeffer und Muskat abschmecken. Eiweiß steif schlagen und vorsichtig unter die Masse heben. 4 Soufflé-Förmchen mit der restlichen Butter einfetten und zu ¾ mit der Spinatmasse befüllen. Ein tiefes Backblech oder eine Auflaufform mit einer Lage Zeitungspapier auslegen, die Förmchen daraufstellen und mit heißem Wasser auffüllen, sodass die Förmchen etwa zur Hälfte im Wasser stehen. Backblech oder Form in den Ofen schieben und das Soufflé 20–25 Minuten backen.

BODENSEE-FELCHEN „MÜLLERIN"
2 EL gehobelte Mandeln
Weizenmehl zum Wenden
4 küchenfertige Felchen im Ganzen
Salz, Pfeffer
Zitronensaft
½ Bund Petersilie
4 EL Butter zum Braten
8 EL Pflanzenöl zum Braten
4 Zitronenspalten

Die Mandeln in einer fettfreien Pfanne rösten und zur Seite stellen. Mehl in eine flache Schale geben. Die Fische unter fließend kaltem Wasser abspülen und mit Küchenpapier trocken tupfen. Innen und außen mit Salz und Pfeffer würzen, mit Zitronensaft beträufeln und die Petersilie in die Bauchtasche geben. In zwei großen Pfannen jeweils 2 EL Butter und 4 EL Pflanzenöl erhitzen. Die Fische im Mehl wenden und bei mittlerer Hitze goldbraun braten. Nach Ende der Backzeit der Soufflés den Ofen ausschalten, Ofentür einen Spaltweit öffnen und einen Holzlöffel in die Tür klemmen. Die Soufflés 3 Minuten ruhen lassen. Die gebra-tenen Fische mit den gerösteten Mandeln und Zitronenspalten anrichten, etwas Butter aus der Pfanne über die Fische träufeln und mit den Soufflés servieren.

GAISBURGER MARSCH MIT SPÄTZLE

FÜR 4 PERSONEN

SPÄTZLE
375 g Weizenmehl
2 Eier
150 ml Mineralwasser mit Kohlensäure
Salz
Muskatnuss

Das Mehl zusammen mit den Eiern und dem Mineralwasser in einer großen Schüssel zu einem glatten Teig verrühren und dann kräftig mit der Hand aufschlagen, bis der Teig Blasen wirft. Sollte der Teig zu trocken sein, noch etwas Mineralwasser zugeben. Den Teig etwa 10 Minuten quellen lassen. Einen Topf mit Salzwasser zum Kochen bringen und den Teig mit einer Spätzlepresse ins kochende Wasser drücken. Wenn die Spätzle an der Oberfläche schwimmen, mit einer Schaumkelle aus dem Wasser nehmen und in kaltem Wasser abschrecken. Danach auf einem Küchentuch abtropfen lassen.

GAISBURGER MARSCH
600 g Rinderbug
500 g Markknochen
2 l Rinderbrühe
1 Zwiebel
1 TL Pfefferkörner
2 Lorbeerblätter
5 Wacholderbeeren
2 Nelken
Salz
1 gelbe Karotte
1 orangefarbene Karotte
¼ Sellerieknolle
2 Petersilienwurzeln
4 Stängel glatte Petersilie
Pfeffer
Muskatnuss
helle Sojasauce

Rindfleisch und Knochen zusammen mit der Rinderbrühe in einen Topf geben. Fleisch und Knochen sollen komplett bedeckt sein, bei Bedarf noch etwas kaltes Wasser angießen. Den Topf bei mittlerer Hitze aufsetzen und langsam zum Kochen bringen. Den Schaum mit einer Schöpfkelle abnehmen. Die Zwiebel halbieren und in einer fettfreien Pfanne auf den Schnittflächen anrösten, bis sie fast schwarz sind. Die gebräunte Zwiebel dann zusammen mit Pfefferkörnern, Lorbeer, Wacholder, Nelken und einer guten Prise Salz zum Fleisch geben. Alles bei niedriger Temperatur köcheln lassen, bis das Fleisch weich ist. Dabei regelmäßig den Schaum von der Oberfläche entfernen. Das Fleisch herausnehmen und unter Klarsichtfolie auskühlen lassen. Die Brühe durch ein feines Sieb oder ein Küchentuch in einen neuen Topf passieren und erneut erhitzen. Karotten, Sellerie und Petersilienwurzeln schälen. Karotten und Petersilienwurzeln in Scheiben und den Sellerie in grobe Würfel schneiden und in die Brühe geben. Petersilie putzen, die Blätter abzupfen und fein hacken. Die Stängel in die Brühe geben und bei niedriger Temperatur köcheln lassen, bis das Gemüse weich ist. Die Suppe mit Salz, Pfeffer, Muskat und einem Schuss Sojasauce abschmecken. Das Rindfleisch in Würfel schneiden und vor dem Servieren mit den Spätzle in der Suppe heiß werden lassen. Die angerichtete Suppe mit Petersilie bestreut servieren.

BERGKÄSESUPPE MIT OBSTLER, SPECK UND SCHÜTTELBROT

FÜR 4 PERSONEN

SCHÜTTELBROT
16 g Hefe
300 g Roggenmehl
100 g Weizenmehl
8 g Salz
2 g Fenchelpollen
2 g gemahlener Kümmel
2 g gemahlener Bockshornklee
200 g Allgäuer Karreespeck,
in dünne Scheiben geschnitten
100 g gesalzene Rohmilchbutter

Für den Vorteig die Hälfte der Hefe in 100 ml lauwarmem Wasser auflösen und mit 100 g Roggenmehl zu einem Teig verrühren. Bei 30 °C etwa 1 Stunde gehen lassen. Den Ofen oder Grill mit einem Pizzastein auf 220 °C Ober- und Unterhitze 45 Minuten lang vorheizen. Die restliche Hefe in 80 ml lauwarmem Wasser auflösen und mit 260 ml Wasser, dem restlichen Roggen- sowie dem Weizenmehl und den Gewürzen zum Vorteig geben. Alles gründlich vermengen und etwa 20 Minuten ruhen lassen. Aus dem Teig 100 g schwere Portionen abstechen und auf ein bemehltes Küchenhandtuch legen. Weitere 15 Minuten ruhen lassen. Teig flach ausziehen, die Fladen auf den Pizzastein gleiten lassen und im Backofen oder auf dem Grill etwa 30 Minuten goldbraun backen.

BERGKÄSESUPPE
2 Schalotten
1 Knoblauchzehe
1 Williams-Birne
50 g Butter
50 g Weizenmehl
100 ml Weißwein
500 ml Rinderbrühe
300 ml Milch
200 ml Sahne
250 g älterer Bergkäse
½ Bund Schnittlauch
Salz, Pfeffer
Muskatnuss
80 ml Obstler
geräucherter Speck und
gesalzene Butter nach Bedarf
Schüttelbrot nach Bedarf

Schalotten und Knoblauch schälen und fein würfeln. Birne schälen, entkernen und die Birne in Würfel schneiden. Die Butter in einem Topf zerlassen und die Schalotten- und Knoblauchwürfel zusammen mit der Birne darin anschwitzen. Mit dem Mehl bestäuben und einrühren. Mit Weißwein ablöschen und unter Rühren aufkochen. Brühe, Milch und Sahne zugießen und bei mittlerer Hitze etwa 10–12 Minuten köcheln lassen. Mit einem Stabmixer glatt mixen. Den Käse fein reiben und zum Schluss in die heiße Suppe einrühren, bis sich der Käse vollständig aufgelöst hat. Die Suppe sollte dann nicht mehr kochen. Schnittlauch in feine Röllchen schneiden. Die Suppe mit Salz, Pfeffer, Muskat und Obstler abschmecken. Mit Schnittlauch bestreuen und mit gewürfeltem geräucherten Speck, gesalzener Butter und dem Schüttelbrot servieren.

BAMBERGER ZWIEBEL

FÜR 4 PERSONEN

1 Knoblauchzehe
8 Bamberger birnenförmige Zwiebeln
30 g Butter
1 Bund Petersilie
1 eingeweichtes Brötchen
400 g gemischtes Hackfleisch
1 Ei
gehackter Majoran nach Bedarf
frisch geriebene Muskatnuss
16 Speckscheiben
350 ml Fleischbrühe
250 ml Bamberger Rauchbier
+ Rauchbier zum Abschmecken
Speisestärke nach Bedarf

Die Knoblauchzehe schälen und fein würfeln. Die Zwiebeln schälen, an der Wurzelseite glatt abschneiden, damit sie sich aufstellen lassen, und die Spitze abschneiden. Die Zwiebeln aushöhlen und zur Seite stellen, das Ausgehöhlte der Zwiebel klein schneiden. Die Butter in einer Pfanne zerlassen und die klein geschnittene Zwiebel mit dem Knoblauch darin andünsten. Herausnehmen, in eine Schüssel geben und auskühlen lassen. Den Backofen auf 180 °C Ober- und Unterhitze vorheizen. Petersilie putzen, klein hacken und zu der angeschwitzten Zwiebel-Knoblauchmasse geben. Brötchen ausdrücken und mit Hackfleisch, Ei und den Gewürzen zur Zwiebelmasse geben. Die Hackmasse abschmecken und in die ausgehöhlten Zwiebeln füllen. Zwiebeln in eine Auflaufform setzen und die Speckstreifen auf die Zwiebeln legen. Mit der Fleischbrühe angießen und auf der mittleren Schiene im Backofen backen. Nach 15 Minuten das Rauchbier angießen und weitere 15 Minuten backen lassen. Sobald die Zwiebeln weich sind, herausnehmen und warm halten. Die Flüssigkeit in der Auflaufform durch ein Sieb in einen Topf gießen und erhitzen. Die Sauce nach Bedarf mit Salz, Muskat und Rauchbier abschmecken und mit etwas kalt angerührter Speisestärke abbinden. Die Zwiebeln z. B. zu Kartoffelpüree servieren.

BIERKNÖPFLE MIT BERGKÄSE UND GESCHMELZTEN ZWIEBELN

FÜR 4 PERSONEN

500 g Weizenmehl
5 Eier
Salz
Muskatnuss
150 ml Münchner Helles
+ Bier nach Bedarf
150 g Allgäuer Bergkäse
(etwa 18 Monate gereift)
100 g junger Allgäuer Bergkäse
50 g Weißlacker
4 Zwiebeln
2 EL Butter
1 EL Pflanzenöl
½ Bund Schnittlauch

Das Mehl mit den Eiern, Salz, Muskat und Bier in einer großen Schüssel zu einem glatten Teig verrühren und so lange kräftig mit der Hand oder einem Kochlöffel aufschlagen, bis der Teig Blasen wirft. Bei Bedarf noch etwas Bier zugeben. Den Teig anschließend etwa 10–15 Minuten quellen lassen. Den Bergkäse auf einer Küchenreibe fein hobeln, den Weißlacker zerbröseln und beide Käse mischen. Die Zwiebeln schälen, halbieren und in Streifen schneiden. Butter und Öl in einer Pfanne erhitzen, die Zwiebeln zugeben, mit Salz würzen und etwa 10–12 Minuten unter Rühren anbraten. Den Schnittlauch in Röllchen schneiden. Einen Topf mit Salzwasser zum Kochen bringen und den Teig mit einem Knöpflehobel ins kochende Wasser geben. Sobald die Knöpfle an der Oberfläche schwimmen, mit einer Schaumkelle aus dem Wasser nehmen und kurz abtropfen lassen. Abwechselnd mit dem geriebenen Käse in eine vorgewärmte Schüssel oder Auflaufform schichten. Zum Schluss mit dem restlichen Käse, den geschmelzten Zwiebeln und dem Schnittlauch bestreut servieren.

LINSENEINTOPF MIT WEISSWURSTSPÄTZLE

FÜR 4 PERSONEN

LINSENEINTOPF
200 g Tellerlinsen
1 Zwiebel
2 Karotten
100 g Knollensellerie
1 Pastinake
50 g Speck
2 EL Butterschmalz
1 TL Tomatenmark
50 ml Balsamico
1,5 l Fleischbrühe
250 g Kartoffeln
100 g rote Linsen
Salz, Pfeffer
2 Frühlingszwiebeln
½ Bund Petersilie

Die Tellerlinsen mindestens 3 Stunden vor der Zubereitung in reichlich kaltem Wasser einweichen. Anschließend in ein Sieb schütten, unter fließendem Wasser abspülen und abtropfen lassen. Zwiebel schälen und klein würfeln. Karotten, Sellerie und Pastinake putzen, schälen und in kleine Würfel schneiden. Speck ebenfalls in kleine Würfel schneiden. Butterschmalz in einem großen Topf zerlassen und Speck-, Zwiebel- sowie Gemüsewürfel darin anbraten. Tomatenmark zugeben und kurz anbraten. Dann die abgetropften Tellerlinsen zugeben und mit dem Essig ablöschen. Mit der Brühe aufgießen, aufkochen und bei geringer Temperatur etwa 30 Minuten köcheln lassen, bis die Linsen fast gar sind. Die Kartoffeln schälen und in kleine Würfel schneiden. Die roten Linsen in einem Sieb unter fließendem Wasser abspülen und abtropfen lassen. Beides in die Suppe geben und weitere 10–15 Minuten köcheln lassen, bis alle Zutaten gar sind. Mit Salz und Pfeffer abschmecken. Frühlingszwiebeln putzen und in dünne Ringe schneiden. Petersilie fein hacken. Den Eintopf mit Frühlingszwiebeln und Petersilie bestreut servieren.

WEISSWURSTSPÄTZLE
220 g Kalbfleisch aus der Schulter
160 g grüner Speck
6 Stängel glatte Petersilie
130 g Crushed Eis
10 g Salz
2 g gemahlener Pfeffer
1 Prise gemahlener Macis
1 Prise Senfpulver
Abrieb von 1
unbehandelten Zitrone

Fleisch und Speck klein schneiden und durch die feine Scheibe des Fleischwolfs drehen. Das Fleisch 1 Stunde in den Tiefkühler stellen. Petersilie fein hacken. Crushed Eis in einen Hochleistungsmixer füllen und auf höchster Stufe in kurzer Zeit Eisschnee herstellen. Dann das gekühlte Fleisch und die Gewürze untermischen und alles bei höchster Stufe ca. 1 Minute fein mixen. Zum Schluss die gehackte Petersilie unter die Masse heben. Gesalzenes Wasser aufkochen und die Masse mit einem Spätzlehobel ins Wasser geben. Wenn die Wurstspätzle an die Oberfläche kommen, mit einer Schaumkelle herausnehmen und in Eiswasser abschrecken. Auf einem Küchentuch abtropfen lassen. Zum Servieren die Spätzle im Linseneintopf erhitzen.

SCHUPFNUDELN MIT SAUERKRAUT UND LANDJÄGER

FÜR 4 PERSONEN

SAUERKRAUT
500 g Sauerkraut
2 Zwiebeln
100 g Schinkenspeck
1 EL Butterschmalz
Zucker
50 ml Weißwein
200 ml Rinderbrühe
4 Wacholderbeeren
2 Lorbeerblätter
2 Nelken
8 Pfefferkörner
½ TL Kümmel
Salz, Pfeffer

Das Sauerkraut in ein Sieb geben, unter fließendem Wasser ausspülen und gut abtropfen lassen. Zwiebeln schälen, halbieren und in feine Streifen schneiden. Den Speck fein würfeln. Butterschmalz in einem Topf erhitzen und die Zwiebelstreifen mit dem Speck darin anbraten. 1 EL Zucker zugeben und karamellisieren lassen, dann das abgetropfte Sauerkraut dazugeben und mit dem Weißwein ablöschen. Mit der Rinderbrühe aufgießen und bei mittlerer Temperatur köcheln lassen. Wacholder, Lorbeer, Nelken, Pfefferkörner und Kümmel in einem Mörser grob zerstoßen, in einen Teebeutel oder ein Tuch geben, mit Küchenschnur zubinden und zum Sauerkraut geben. Das Sauerkraut etwa 30–40 Minuten unter gelegentlichem Rühren köcheln lassen. Mit Salz und Pfeffer abschmecken.

SCHUPFNUDELN MIT SAUERKRAUT UND LANDJÄGER
600 g mehligkochende Kartoffeln
150 g Weizenmehl + Mehl zum Bearbeiten
2 Eigelb
1 Ei
Salz, Pfeffer
Muskatnuss
4 Stängel Petersilie
150 g Landjäger vom Schwäbisch-Hällischen Landschwein
1 EL Butter zum Anbraten
1 EL Pflanzenöl zum Anbraten

Am Vortag die Kartoffeln kochen, abschütten und gut ausdampfen lassen. Kartoffeln pellen und über Nacht kalt stellen. Am nächsten Tag durch eine Kartoffelpresse drücken. 500 g der durchgepressten Kartoffeln mit Mehl, Eigelben und Ei vermischen. Mit Salz, Pfeffer und Muskat abschmecken und alles zu einem glatten Teig verkneten. Auf einer bemehlten Arbeitsfläche aus dem Teig Würste formen, dann mit einem Teigschaber oder einem Messerrücken gleich große Portionen abstechen und zwischen Handinnenfläche und der Arbeitsplatte zu Schupfnudeln formen. Die Schupfnudeln in sprudelndem Salzwasser kochen, bis sie an der Oberfläche schwimmen, dann mit einer Schaumkelle herausnehmen und in Eiswasser abschrecken. Auf einem Küchenhandtuch abtropfen lassen. Die Petersilie grob hacken. Die Landjäger in Scheiben schneiden. Butter und Öl in einer Pfanne erhitzen und die Schupfnudeln mit den Wurstscheiben darin anbraten. Alles mit Salz und Pfeffer würzen, dann das (gut abgetropfte) Sauerkraut zugeben und heiß werden lassen. Mit der Petersilie garniert servieren.

EINGEMACHTES FILDER-SPITZKRAUT

ZUTATEN FÜR 1 GLAS À 1,5 LITER

1 großer Filder-Spitzkohl (etwa 1 kg)
5 g Salz pro kg geschnittenes Kraut
1 EL Wacholderbeeren
2 Lorbeerblätter

Den Kohl putzen und in feine Streifen schneiden oder hobeln. Mit dem Salz in einer Schüssel vermischen und mit den Händen kneten oder einem Stößel bzw. Stampfer bearbeiten, bis ausreichend Flüssigkeit aus dem Kraut austritt. Dann das Kraut mit den Wacholderbeeren und den Lorbeerblättern vermengen, bis knapp unter den Rand in ein sauberes Glas füllen, die Flüssigkeit sollte dabei das Kraut bedecken. Den Deckel mit heißem Wasser abspülen und das Glas damit verschließen. Auf ein tiefes Blech oder in eine Wanne stellen, damit sich der überlaufende Saft darin sammeln kann. Zunächst 3 Tage bei Zimmertemperatur stehen lassen, anschließend weitere 14 Tage kühl lagern.

BADISCHES SCHÄUFELE MIT KARTOFFELSALAT

FÜR 6 PERSONEN

SCHÄUFELE
1 Zwiebel
1 Lorbeerblatt
3 Nelken
1,5 kg gepökelte und geräucherte Schweineschulter
1 TL Pimentkörner
1 TL Pfefferkörner
250 ml trockener Weißwein

Die Zwiebel schälen und mit Lorbeerblatt und Nelken spicken. Die Schulter in einen großen Topf legen. Zwiebel und Gewürze sowie den Weißwein zugeben. Mit so viel kaltem Wasser auffüllen, bis das Schäufele bedeckt ist. Bei hoher Temperatur kurz vor den Siedepunkt erhitzen und bei geringer Temperatur ca. 1 ½ Stunden gar ziehen lassen.

BADISCHES SCHÄUFELE MIT KARTOFFELSALAT
1,5 kg vorwiegend festkochende Kartoffeln
Salz
1 Zwiebel
1 TL Butter
3 EL Essig
500 ml Rinderbrühe
Pfeffer
edelsüßes Paprikapulver
Senf

Die Kartoffeln waschen und mit Schale in Salzwasser gar kochen. Abschütten, etwas ausdampfen lassen, pellen und in Scheiben schneiden. Die Zwiebel schälen und in feine Würfel schneiden. Die Zwiebelwürfel in einer Pfanne in Butter glasig dünsten. Mit Essig ablöschen und mit Rinderbrühe aufgießen. Mit Salz, Pfeffer, Paprikapulver und Senf würzen. Das warme Dressing über die Kartoffelscheiben gießen und den Salat abgedeckt etwa 1 Stunde durchziehen lassen. Anschließend mit Salz, Pfeffer und Senf abschmecken. Das Schäufele aus dem Sud nehmen, einige Minuten ruhen lassen und in Scheiben schneiden. Mit dem lauwarmen Kartoffelsalat anrichten und servieren.

TATSCHNUDELN

FÜR 4 PERSONEN

750 g Schwarzblaue Frankenwälder
1–2 Eier
Salz
Muskatnuss
100–150 g Weizenmehl
100 ml Milch
Butter zum Einfetten

Die Frankenwälder Kartoffeln schälen, klein schneiden und in Salzwasser weich kochen. Anschließend abschütten und ausdampfen lassen. Die abgekühlten Kartoffeln durch eine Kartoffelpresse in eine Schüssel drücken. Eier verschlagen und mit Salz und Muskat würzen. Erst die Eier mit den Schneebesen eines Handrührgeräts unter die Kartoffelmasse rühren, dann das Mehl zugeben, bis ein homogener Teig entsteht. Mit Salz und Muskat abschmecken. Den Backofen auf 180 °C Ober- und Unterhitze vorheizen. Aus dem Teig fingerlange Röllchen formen und in einer gebutterten Auflaufform etwa 25–30 Minuten backen. Anschließend die Milch erhitzen und über die Nudeln geben. Sobald die Milch vollständig aufgesogen ist, aus der Form nehmen und als Beilage servieren.

EISBEIN-CARPACCIO MIT BERGLINSEN-VINAIGRETTE, FRITTIERTE BÄCKCHEN UND SENFSAUCE

FÜR 4 PERSONEN

FRITTIERTE BÄCKCHEN
400 g küchenfertige Schweinebäckchen
Salz, Pfeffer
2 Zweige Rosmarin
3 Zweige Thymian
1 Knoblauchzehe
2 EL Olivenöl
Weizenmehl zum Wenden
1 Ei
1 EL Sahne
100 g Paniermehl

Die Bäckchen am Tag vorher mit Salz und Pfeffer würzen. Zusammen mit den Kräutern, einer angedrückten Knoblauchzehe und dem Olivenöl in einem Vakuumbeutel vakuumieren. Die Bäckchen im Wasserbad bei 70 °C 12 Stunden garen und anschließend im Beutel auskühlen lassen. Am nächsten Tag die Bäckchen herausnehmen und in Würfel schneiden.
Ei und Sahne in einer Schale oder flachen Schüssel verrühren. Mehl und Paniermehl jeweils auf Schalen oder flache Schüsseln verteilen. Die Würfel zuerst im Mehl wenden, danach durch die Ei-Sahne-Mischung ziehen und zum Schluss im Paniermehl wenden.

EISBEIN-CARPACCIO
1,5 kg gepökeltes Eisbein mit Knochen
1 Karotte
¼ Sellerieknolle
2 Zwiebeln
1 Lauchstange
2 Lorbeerblätter
5 Wacholderbeeren
10 Pfefferkörner
4 Pimentkörner
1 ½ TL Senfsaat
Salz, Pfeffer
5–6 EL Weißweinessig
1 EL körniger Senf

Am Vortag einen großen Topf mit gesalzenem Wasser zum Kochen bringen, das Eisbein einlegen und bei mittlerer Temperatur aufkochen lassen. Das aufsteigende Eiweiß an der Oberfläche entfernen. Das Gemüse putzen, schälen und in grobe Würfel bzw. den Lauch in Stücke schneiden Alles zusammen mit den Gewürzen in den Topf geben und bei mittlerer Temperatur etwa 1,5–2 Stunden köcheln lassen, bis das Eisbein weich ist. Dabei den aufsteigenden Schaum regelmäßig abschöpfen. Sobald das Eisbein weich gekocht ist, herausnehmen und etwas abkühlen lassen. Den Knochen auslösen, das anliegende Fett entfernen und das Fleisch in Stücke zupfen. Die Brühe durch ein Küchentuch oder ein feines Sieb passieren. Das warme Fleisch mit Essig, Senf, Salz, Pfeffer abschmecken und mit etwas Brühe marinieren. Eisbein fest in eine mit Folie ausgekleidete Form schichten und über Nacht im Kühlschrank fest werden lassen.

LINSEN-VINAIGRETTE
50 g Alb-Leisa-Linsen
80 ml Weißweinessig
40 ml Rinderbrühe
2 EL Zucker
2 EL Meerrettich-Senf
180 ml Olivenöl
125 ml Traubenkernöl
Salz, Pfeffer
½ Bund Schnittlauch

Die Linsen in einem Sieb unter fließendem Wasser abspülen und abtropfen lassen. In einen Topf geben, mit ausreichend Wasser bedecken und unter Rühren zum Kochen bringen. Die Linsen mit Deckel auf geringer Hitze etwa 25 Minuten garen. Danach in einem Sieb abschütten, unter fließend kaltem Wasser abschrecken und gut abtropfen lassen. Essig, Brühe, Zucker und Senf in einen hohen Becher geben und mit einem Stabmixer aufmixen. Nach und nach die beiden Öle unterrühren und die Vinaigrette mit Salz und Pfeffer abschmecken. Schnittlauch in feine Röllchen schneiden und mit den gegarten Linsen in die Vinaigrette rühren.

SENFSAUCE
1 Ei
Salz, Pfeffer
1 TL mittelscharfer Senf
1 EL Weißweinessig
1 TL Honig
200 ml Rapsöl
2 TL körniger Senf
2 EL Rinderbrühe

Das zimmerwarme Ei mit Salz, Pfeffer, Senf, Essig und Honig in einen hohen, schmalen Becher geben und mit einem Stabmixer verrühren. Dann das Öl nach und nach zugeben und alles zu einer Emulsion verrühren. Den körnigen Senf und die Rinderbrühe untermischen und die Sauce abschmecken.

ANRICHTEN
500 ml Pflanzenöl zum Frittieren
Eisbein-Carpaccio
Linsen-Vinaigrette
frittierte Bäckchen

Das Pflanzenöl in einem kleinen Topf auf 170 °C erhitzen und die panierten Bäckchen darin ausbacken. Auf Küchenpapier abtropfen lassen. Zum Anrichten das Eisbein aus der Form stürzen und in sehr dünne Scheiben schneiden. Die Scheiben auf Tellern anrichten und die Vinaigrette über das Eisbein-Carpaccio träufeln. Mit den frittierten Bäckchen und der Senfsauce servieren.

GERMKNÖDEL MIT TONKABOHNENSAUCE

FÜR 8 PERSONEN

TONKABOHNENSAUCE
400 ml Milch
200 ml Sahne
1 Tonkabohne
1 Vanilleschote
Salz
6 Eigelb
50 g Zucker

Milch und Sahne in einen kleinen Topf geben. Tonkabohne fein reiben und die Vanilleschote auskratzen. Beides mit einer Prise Salz in die Milch-Sahne-Mischung geben und aufkochen. Eigelbe zusammen mit dem Zucker in einer Schüssel cremig schlagen. Unter Rühren die heiße Flüssigkeit unter das aufgeschlagene Eigelb rühren. Zurück in den Topf geben und bei geringer Hitze langsam erhitzen, bis die Masse stockt. Vom Herd nehmen, durch ein feines Sieb gießen und kalt stellen.

GERMKNÖDEL MIT TONKABOHNENSAUCE
21 g frische Hefe
500 g Weizenmehl
+ Weizenmehl zum Bearbeiten
½ TL Salz
50 g Zucker
1 Ei
40 g weiche Butter
+ Butter zum Einfetten
8 TL Pflaumenmus
zerlassene Butter nach Bedarf

Die Hefe in 250 ml lauwarmem Wasser auflösen. Mehl, Salz und Zucker vermischen, die Hefemischung unterrühren, Ei und Butter zugeben und alles mit den Knethaken eines Handrührgeräts verkneten. Den Teig auf einer leicht bemehlten Arbeitsfläche etwa 5 Minuten mit den Händen glatt kneten. Etwa 1 Stunde abgedeckt an einem warmen Ort gehen lassen. Anschließend auf einer leicht bemehlten Arbeitsfläche kneten, in 8 Stücke teilen und flach ausrollen. Jeweils mit 1 TL Pflaumenmus füllen, den Teig darüberschlagen und zu Knödeln formen. Das Blech eines Dampfgarers mit Butter einfetten, darauf die Knödel setzen und an einem warmen Ort nochmals 30 Minuten gehen lassen. Im Dampfgarer bei 100 °C und 100 % Feuchtigkeit etwa 25–30 Minuten garen. Herausnehmen und mit zerlassener Butter sowie der Tonkabohnensauce servieren.

SCHWARZWÄLDER GIN-KIRSCHTORTE

FÜR 1 SPRINGFORM (Ø 28 CM)
KÜHLZEIT: CA. 2 STUNDEN

BISKUITTEIG
150 g Weizenmehl
20 g Kakaopulver
6 Eier
150 g Zucker
2 EL Mineralwasser
20 g flüssige Butter

Den Backofen auf 180 °C Ober- und Unterhitze vorheizen. Mehl und Kakaopulver mischen und durch ein Sieb in eine Schüssel sieben. Die Eier trennen, Eiweiß und 50 g Zucker mit den Schneebesen eines Handrührgeräts steif schlagen. Eigelbe mit 100 g Zucker in die Rührschüssel einer Küchenmaschine geben und schaumig aufschlagen. Den Eischnee vorsichtig unterheben und die Mehl-Kakao-Mischung nach und nach unterrühren. Zum Schluss das Mineralwasser sowie die flüssige Butter einrühren. Den Teig in eine mit Backpapier ausgelegte Springform füllen und im Backofen etwa 25 Minuten backen. Aus dem Ofen nehmen und auf einem Kuchengitter etwas abkühlen lassen. Vorsichtig aus der Form lösen, das Backpapier entfernen und vollständig auskühlen lassen. Mit einem langen Brotmesser den Kuchen waagerecht halbieren.

KIRSCHKOMPOTT
1 Glas Schattenmorellen (720 ml)
25 g Speisestärke
50 g Zucker

Kirschen in einem Sieb abtropfen lassen, den Saft auffangen und 150 ml davon abmessen. Den restlichen Saft für die Sahnecreme beiseite stellen. Speisestärke, Zucker und 50 ml des Kirschsaftes in einer Schüssel verrühren. Die restlichen 100 ml Kirschsaft in einen Topf geben und aufkochen. Die Stärke unterrühren und alles aufkochen lassen. Topf vom Herd nehmen, Kirschen unterheben und das Kompott auskühlen lassen.

SAHNECREME
3 Blatt Gelatine
500 ml Sahne
50 g Zucker
90 ml Gin aus dem Schwarzwald
Süßkirschen oder Amarena-Kirschen zum Verzieren
150 g geraspelte Schokolade zum Verzieren

Die Gelatine in kaltem Wasser einweichen. 300 ml Sahne steif schlagen, währenddessen den Zucker einrieseln lassen. Die restliche flüssige Sahne bis zur Weiterverwendung kalt stellen. Die Gelatine ausdrücken, in einem Topf vorsichtig erwärmen und unter Rühren auflösen. 30 ml Gin mit der Gelatine verrühren und unter die Sahne heben. Den restlichen Gin mit 60 ml des Kirschsafts verrühren. Eine Biskuithälfte in die Springform geben und mit der Hälfte der Gin-Kirschsaft-Mischung beträufeln. Darauf das Kirschkompott verteilen, die zweite Biskuithälfte auflegen und leicht andrücken. Die restliche Gin-Kirschsaft-Mischung darauf verteilen und die geschlagene Sahne auf der Oberfläche glatt streichen. Die Torte im Kühlschrank etwa 2 Stunden kalt stellen. Anschließend herausnehmen und aus dem Ring lösen. Die restliche Sahne steif schlagen und den Tortenrand damit einstreichen. Die Torte mit Schokolade und Kirschen verzieren.

LEBKUCHENPARFAIT MIT ZWETSCHGENRÖSTER

FÜR 4 PERSONEN

LEBKUCHENPARFAIT
3 Eier
500 ml Milch
1 Vanillestange
100 g Zucker
100 g Honig
150 g Lebkuchen ohne Guss
500 ml Sahne
50 g gemahlene Mandeln

Eier in eine Schüssel geben und mit den Schneebesen eines Handrührgeräts kurz verrühren. Dann 2 EL Milch zugeben und die Masse schaumig schlagen. Die Vanilleschote der Länge nach halbieren und mit dem Messerrücken auskratzen. Das Mark in einen Topf geben und zusammen mit der Schote, der restlichen Milch, dem Zucker und dem Honig in einen Topf geben und einmal aufkochen. Die Vanilleschote entfernen und die Milch unter ständigem Rühren unter die Eimasse rühren und so lange schlagen, bis die Masse etwas dicker wird. Die Parfaitmasse durch ein Sieb in ein flaches Gefäß schütten und abkühlen lassen. Inzwischen den Lebkuchen fein zerkrümeln und die Sahne steif schlagen. Lebkuchen und Mandeln unter die Parfaitmasse rühren und vorsichtig die geschlagene Sahne unterheben. Eine Kastenform mit Frischhaltefolie auslegen und die Masse einfüllen. Die Form für etwa 6 Stunden tiefgefrieren.

LEBKUCHENPARFAIT MIT ZWETSCHGENRÖSTER
500 g Zwetschgen
160 g Zucker
150 g Butter + Butter zum Einfetten
50 ml Portwein
Saft von ½ Orange
Saft von 1 Zitrone
1 EL Zwetschgenmus
1 Zimtstange
1 gekochte Pellkartoffel
Salz
1 TL gemahlener Zimt
1 TL Backpulver

Den Backofen auf 200 °C Ober- und Unterhitze vorheizen. Die Zwetschgen waschen und entsteinen. 60 g Zucker in einer Pfanne mit 50 g Butter hell karamellisieren. Mit Portwein, Orangen- sowie Zitronensaft ablöschen und einkochen lassen, bis fast keine Flüssigkeit mehr vorhanden ist. Dann das Zwetschgenmus, die Zimtstange und die Zwetschgen dazugeben, 15 Minuten köcheln lassen und zur Seite stellen. Für die Streusel die Pellkartoffel pellen und zerstampfen. 100 g Butter, Mehl, 100 g Zucker, 1 Prise Salz, den Zimt sowie das Backpulver zufügen, gut vermischen und zu Streuseln verkneten. Eine Auflaufform ausfetten und mit Mehl bestäuben. Die Zwetschgenröster in die Form geben und mit den Kartoffelstreuseln bestreuen. Im vorgeheizten Backofen 25 Minuten backen. Kurz vor dem Servieren das Parfait aus dem Tiefkühler nehmen, aus der Form stürzen und in Scheiben schneiden. Die Zwetschenröster auf Tellern anrichten und mit dem Parfait servieren.

BAYERISCHE CREME MIT BREZN-KARAMELL-SCHOKOLADE

FÜR 6 PERSONEN

BREZN-KARAMELL-SCHOKOLADE
100 g Zartbitter-Kuvertüre
100 g Vollmilch-Kuvertüre
80 g Mini-Salzbrezeln
8 Karamellbonbons

Die Kuvertüren grob zerkleinern und über einem Wasserbad bei geringer Hitze langsam schmelzen. Die Schokolade verrühren und mit einer Palette auf eine Silikonmatte streichen. Bevor die Schokolade wieder hart wird, die Salzbrezeln darauf verteilen. Die Karamellbonbons mit 2 EL Wasser in eine kleine Porzellanschüssel geben und bei kleiner Stufe in der Mikrowelle schmelzen. Den flüssigen Karamell verrühren und über der Schokolade und den Brezeln verteilen. Die Brezn-Karamell-Schokolade im Kühlschrank aushärten lassen und zum Servieren in Stücke brechen.

BAYERISCHE CREME
4 Blatt Gelatine
1 Eiweiß
100 g Zucker
400 ml Sahne
1 Vanilleschote
6 Eigelb

Die Gelatine in kaltem Wasser einweichen. Das Eiweiß mit 40 g Zucker steif schlagen. Von der Sahne 100 ml abmessen, aufschlagen und zusammen mit dem Eischnee bis zur weiteren Verwendung kalt stellen. Die Vanilleschote längs halbieren und das Mark herauskratzen. Die restliche flüssige Sahne zusammen mit dem Vanillemark und der Schote in einem Topf langsam zum Kochen bringen. Dann die Vanilleschote entfernen. Die Eigelbe mit dem restlichen Zucker in eine Schüssel geben und über einem Wasserbad mit einem Handrührgerät aufschlagen, bis sie eine dickcremige Konsistenz erreicht hat. Unter ständigem Rühren die heiße Sahne einlaufen lassen. Die ausgedrückte Gelatine in der Masse auflösen und die Masse so lange schlagen, bis sie abgekühlt ist. Sobald die Gelatine anzieht, den Eischnee und zum Schluss die geschlagene Sahne unterheben. Die Creme zum Stürzen in zuvor mit kaltem Wasser ausgespülte Gläser oder Portionsschälchen füllen und ca. 4 Stunden kalt stellen. Die Creme mit der Brezn-Karamell-Schokolade servieren.

IM

Ein Blick sagt mehr als tausend Worte: Alexander Nöll von der Kelterei Nöll ist ein Experte in Sachen Ebbelwoi

WESTEN

Legendär: „Handkäs mit Musik", eine hessische Spezialität mit Sauermilchkäse, eingelegt in einer Essig-Öl-Zwiebel-Marinade

Von Grund auf ehrlich

DIE REGIONALKÜCHE IM WESTEN

Hier wird aus dem Vollen geschöpft: Beginnend in den westlichen Harz-Ausläufern über das Sauerland und Westfalen, den Rhein entlang bis in die Pfalz und das Saarland – der Westen zeichnet sich durch eine enorme Vielfalt an Kulturen, Landschaften und Klimazonen aus. Das wirkt sich nicht nur auf die Ess-, sondern auch auf die Trinkgewohnheiten aus. Je nach Region wird mal mehr der Bier-und-Schnaps-Kombi gefröhnt, mal mehr dem Wein zugesprochen. Nicht zu vergessen sind hierbei regionale Spezialitäten wie Kölsch, Alt, die Eifeler Brautraditionen und selbstverständlich auch der Apfelwein.

Auf zwei Beinen steht man besser – zum guten Getränk gehört auch ein schmackhaftes Essen. Den üblichen, globalen Pizza-Burger-Sushi-Trends zum Trotz sind die regionalen Besonderheiten und Vorlieben hier nicht nur deutlich wahrzunehmen, sie werden auch bewusst gepflegt und überregional genossen: So ist der berühmte Harzer Roller sowohl die Basis für das Harzer Käsebrot mit Schweineschmalz als auch für den Mainzer (oder Frankfurter) Handkäs' „mit Musik", der essig- und zwiebelbegleitet serviert wird.

Sowohl im Sauerland als auch in ganz Westfalen liefern Schweine – früher noch in den Eichenwäldern gemästet – und ausgedehnte Kartoffeläcker die wichtigsten Komponenten für die Küche: Fleischfans kommen bei Knochenschinken, Wurstebrei (eine Art Grützwurst) und Panhas auf ihre Kosten, während Erdäpfel-Anhänger sich an so kohlenhy-

WESTEN

dratstarken Gerichten wie Reibekuchen, Gräwes (mit Fleisch und Sauerkraut) und Potthucke (mit Eiern und saurer Sahne) laben können. Ganz elementar sind auch Pumpernickel - schweres, dunkles, süßliches Brot, das mehr gedämpft als gebacken wird - und dicke Bohnen, als „graute" Bohnen mit Speck und Kartoffeln gekocht. In ganz Nordrhein-Westfalen „schnippelt" man Stangenbohnen in feine Streifen, um daraus einen Eintopf zu bereiten. Im Rheinland salzt man sie traditionell auch gern ein wie Sauerkraut und bereitet sie dann mit Birnen zu.

SÜSSES ODER SAURES? AM BESTEN BEIDES!

Am nördlichen Rhein treffen rund um Köln - der altrömischen Metropole und größten Stadt des Mittelalters - Nord und Süd, Moderne und Geschichte in Lebensart und Küchenstil aufeinander. Nichts symbolisiert das besser als die süßen Rosinen und exotischen Gewürze im Sauerbraten, der hier bis heute gern auch mit Pferdefleisch bereitet wird.

In Hessens Küche - eher traditionell gepolt, aber nicht weniger schmackhaft - werden zum (unverzichtbaren!) Apfelwein gern Rippchen mit Sauerkraut serviert. Aber auch Gemüse und Co. kommen hier nicht zu kurz: Eine geballte Ladung von mindestens sieben verschiedenen Kräutern etwa bildet die Basis für die berühmte Grüne Sauce. Zum Nachtisch gibt es Obstiges wie Kirschenmichel - auf diese Weise wird man auch noch gleich das alte Brot los, das so „wiederaufbereitet" nicht nur Kindern schmeckt.

Weiter südlich am Rhein ist in der Pfalz die Nähe Frankreichs allgegenwärtig. Coq au Vin wird hier zum Gockel in Wein, während der Kartoffelauflauf Gratin Dauphinois seine Entsprechung in der Backesgrumbeere findet, die mit Zimt gewürzt wird. Bei den Pfälzern bestimmt ein guter Schoppen Wein das Bild, und der muss auf dem Teller solide und mit Wumms begleitet werden! „Fleesch- und Leewerknepp" mit Meerrettichsauce, selbstverständlich Saumagen und Bratwürste, gerne mit Sauerkraut, aber auch „Grumbeersupp" (Kartoffelsuppe), die traditionell im Herbst mit „Quetschekuche" (ein reich belegter Zwetschgenkuchen) oder Dampfnudeln serviert wird. Aufwendig muss es nicht sein. Aber unbedingt gut.

Last, but not least: Zur kulinarischen DNA von Hunsrück und Saarland gehört vor allem der Schwenkbraten, ein faszinierender Hinweis auf historische Verbindungen der Schmuckindustrie Idar-Obersteins nach Brasilien und dessen Tradition des Churrascos.

Immer für eine Überraschung gut: Was genau im Päckchen steckt, kann saisonal schwanken. Fest steht: Sieben Kräuter müssen's sein, um eine „Grie Soß", so ihre mundartliche Bezeichnung, zuzubereiten

Obstkonserve zum Streichen
RHEINISCHES APFELKRAUT

Geschmack in konzentrierter Form: Nicht nur pur ein echter Genuss!

WESTEN

Karneval, Sauerbraten, Kölsch – und Apfelkraut! Das umreißt einige der wichtigsten kulturell-kulinarischen Eckpfeiler des Rheinlands. Klar, auch anderswo wird Fasching beziehungsweise Fastnacht gefeiert, Braten sauer eingelegt und geschmort, und es gibt ähnliche Biere. Um diese kölsche Besonderheit zu verstehen, lohnt sich ein tiefer Blick in die Vergangenheit! So liefert speziell der rheinische Sauerbraten einen Hinweis auf vorchristliche Vorlieben für Pferdefleisch und mittelalterliche, süß-säuerliche Rezepturen. Und Apfelkraut, nun, das ist die wohl urtümlichste kulinarische Vorliebe des Rheinländers schlechthin, auch wenn er sie sich seit jeher über alle sprachlich-nationalen Grenzen hinweg mit den Niederländern und Belgiern teilt. Für alle Nicht-Rheinländer: Apfelkraut, auch Apfelsirup oder einfach Kraut genannt, ist ein dunkelbrauner, zu streichfester Konsistenz eingekochter Dicksaft aus Äpfeln, eigentlich eine Melasse. Er schmeckt intensiv süß, je nach Apfelsorten auch angenehm säuerlich. Man muss nicht zwangsläufig Rheinländer sein, um ihn mit großem Vergnügen aufs Butterbrot – oder noch besser: Rosinenbrötchen – zu streichen, über kräftigen Käse, Pfannkuchen oder Kartoffelpuffer zu träufeln, Sauerbraten oder Rotkohl damit abzuschmecken.

Die Herstellung von Apfelkraut ist denkbar einfach: Äpfel, gelegentlich auch ein Anteil Birnen, die für sich allein zu wenig Pektin enthalten, werden mit Wasser weich gekocht. Der Saft tropft durch ein Tuch, Pressen sorgt für eine höhere Ausbeute. Das Ganze wird dann etwa eine Stunde lang unter regelmäßigem Rühren zu einem geheimnisvoll dunkel glänzenden, dicken Sirup eingekocht. Einem Kilo Früchte kann man rund 100 Gramm Kraut abgewinnen, das wie Konfitüre abgefüllt wird und ohne Kühlung haltbar ist.

Genau deshalb war der Sirup auch schon bei unseren Vorfahren höchst beliebt, ließ sich die Apfelernte so doch bestens für den Winter konservieren. Vielerorts geschah die Herstellung gemeinschaftlich; die Dörfler betrieben eine gemeinsame Krautküche. Wie Pflaumenmus galt Apfelkraut als erschwingliche Nascherei in Zeiten, als Honig und Zucker noch absoluter Luxus waren. Längst dominiert die industrielle Produktion, doch hat man sich auch hier auf den Wert dieses Kulturguts besonnen und fördert durch geografischen Schutz und die Aufmerksamkeit der Slow-Food-Bewegung wieder die kleineren, traditionellen Hersteller.

WIE KRAUT UND RÜBEN

Und warum spricht man nun eigentlich von Kraut, wenn es doch ganz eindeutig ein Sirup ist? Das hat ebenfalls historische Gründe – und vielerlei Erklärungsmöglichkeiten. Eine davon: die am Rhein gebräuchlichen Zuckerrüben hätten zur Übertragung des Begriffs Kraut im Sinne von Gemüse auf den Sirup geführt. Einleuchtender scheint da schon die Verbindung zu heilenden Kräutern zu sein, die in süßer, sirupartiger Form besonders bei Husten und Heiserkeit verabreicht wurden und sich als sogenannte Latwerge – pürierte und mit Heilkräutern versetzte süße Früchte – weit zurückverfolgen lassen. Dazu passt, dass Zucker in Europa ursprünglich in der Apotheke verkauft wurde und Apfelkraut Hustensaft ähnelt. Natürlich nur im Aussehen, zum Glück nicht im Geschmack!

So cool, so kernig!
DAS GLANRIND

Die Statur: kräftig. Das Wesen: ausgeglichen. Das Fleisch: hervorragend. Kaum vorstellbar, dass das Glanrind Ende des letzten Jahrhunderts fast ausgestorben war. Mit seinem gelbbraunen Fell und den kurzen, kräftigen Hörnern wirkt es wie aus dem Bilderbuch entsprungen. Wohnhaft vor allem in Rheinland-Pfalz, gehört es neben dem Limpurger Rind, dem Harzer Höhenvieh und dem Angler Rind alter Zuchtrichtung (so der etwas sperrige Name) zu den wenigen sogenannten Dreinutzungsrassen, die einst für die harte Feldarbeit sowie die Fleisch- und Milcherzeugung gehalten wurden.

Doch damit war es in den 1960er-Jahren vorbei. Als „nicht profitabel" eingestuft, fiel das Glanrind landwirtschaftlicher Spezialisierung und maschineller Effizienz zum Opfer. Moderne Rassen sind nun mal zur Einseitigkeit verdammt: Entweder sollen sie massenweise Milch geben oder Massen an Fleisch liefern. Faktoren wie beispielsweise die Trittsicherheit – einst wichtig bei der Landschaftspflege und für Spanndienste – spielen hingegen kaum noch eine Rolle.

ZUM GLÜCK ÄNDERN SICH DIE ZEITEN

Doch allmählich findet auch in Sachen Rind ein Umdenken statt. Faktoren wie Arterhaltung und Nachhaltigkeit rücken zunehmend in den Vordergrund, nicht zuletzt dank der unermüdlichen Arbeit von Verbänden wie Slow Food und Demeter. Man besinnt sich wieder auf den Wert dieser Wiederkäuer, die Gras in hochwertiges Fleisch und gute Milch verwandeln.

Langlebig, robust im Wesen und pflegeleicht in der Haltung, verfügt das Glanrind über die Merkmale eines Höhenrinds. Ihm genügt ein Unterstand zum Schutz gegen Wind und Wetter. Es stellt keine großen Ansprüche an die Futterqualität und kommt auf schwer zu bewirtschaftenden Flächen gut zurecht. Namensgeber des lieben Viehs ist der Fluss Glan, der, aus dem Saarland kommend, durch den Nordwesten der Pfalz zur Nahe rauscht. Obwohl das Flusstal in weiten Teilen stark

WESTEN

Durch nichts aus der Ruhe zu bringen: Glanrinder haben ein ausgeglichenes Wesen und bewähren sich nebenbei als ideale Landschaftspfleger

begradigt wurde, existiert noch eine artenreiche Fauna und Flora. Hier nisten Eisvögel und schwirren Prachtlibellen, gedeihen Gräser, Binse, Schwanenblume und Mädesüß. Im Wasser tummeln sich Fische neben Krebsen und Muscheln. Für genau diese Landschaft wurde das Glanrind einst gezüchtet. Sein Job: das Weideland am Fluss von Büschen und Bäumen freizuhalten.

KRAFTVOLLE UNTERSTÜTZUNG AUS DER SCHWEIZ

Grüezi mitenand! Für die Glanviehzucht kreuzte man Ende des 18. Jahrhunderts auf herzögliches Geheiß Berner Gebirgsvieh und Simmentaler Rinder in das kleine rote Pfälzer Landvieh ein. Ende der 1950er-Jahre gab es etwa 400 000 Tiere. Doch dann, wie gesagt, verdrängte der Traktor das Rind als Zugtier und die Erwartungen an die Milchmengen stiegen. Daraufhin verschwanden die sanften und gleichzeitig so schönen Geschöpfe nach und nach von den Weiden.

Erst Mitte der 1980er-Jahre erinnerte man sich wieder an die Vorzüge dieser alten Rasse. Mit den letzten 25 Kühen, quasi um fünf vor zwölf, wurde ein neues Zuchtbuch gegründet. Heute werden Glanrinder wieder aktiv gezüchtet, mittlerweile gibt es um die 2000 Exemplare. Im Jahr 2007 wurde das Glanrind von Slow Food als Passagier in die „Arche des Geschmacks" aufgenommen. In Hofläden und auf Wochenmärkten in der Region wird sein aromatisches, fein marmoriertes Fleisch angeboten, Auen und Streuobstwiesen werden wieder tierisch gepflegt. Da die Tiere heute vorwiegend zur Fleischerzeugung gehalten werden – beliebt sind hier vor allem Ochsenschwanzsuppe, Schmor- und Sauerbraten, Rouladen und Rumpsteaks – spielen Milch und Milcherzeugnisse allerdings nur noch eine untergeordnete Rolle.

WESTEN

Der Stoff, von dem die Hessen träumen

APFELWEIN

Die spritzige Erfrischung hat viele Gesichter, schließlich gibt es auch Cidre, Viez und Most. Nein, die Hessen haben beileibe kein Monopol auf DEN Apfelwein. Und doch ist nirgends die Beziehung zum „Ebbelwoi" so innig wie in Frankfurt und Umgebung. Gemäß dem Motto „One Äppler a day keeps the dorscht away" gehört er hier als Ebbelwoi, Stöffche oder Schobbe oder sehr poetisch auch als „Reweblut vom Ebbelbaam" zur Lebensphilosophie. Serviert wird das Kultgetränk an langen Tischen in dickbauchigen, graublauen Steingut-Bembeln, die immer viel zu schnell leer sind. Waschechte Frankfurter, sogenannte Schobbepetzer, trinken ihn aus dem typischen „Gerippten" (Schoppenglas mit Rautenstruktur) zu „Rippsche" mit Kraut, Handkäs' mit Musik oder Ochsenbrust mit Grüner Sauce. Auch so was typisch Hessisches.

Apfelwein-Ausgabestelle: Im bauchigen Bembel bleibt das Stöffche angenehm kühl

URSPRÜNGLICH NICHTS FÜR WARMDUSCHER!

Alles hat seine Ordnung: 1754 wurde die erste Schankerlaubnis in der alten Handelsmetropole am Main erteilt, mit entsprechenden steuerlichen Auflagen. Getrunken wird Apfelwein in Frankfurt aber natürlich schon viel länger. Seit 1638 gibt es für das Alltagsgetränk der kleinen Leute, das bei den meisten im eigenen Keller gärte, ein eigenes, bis heute gültiges Reinheitsgebot. Den fichtenkranzumwundenen Bembel, althergebrachtes Zeichen selbst kelternder Apfelweinwirtschaften, sieht man bis heute vor deren Türen hängen. Man könnte also leicht annehmen, alles sei fein und heimatverbunden beim Stöffche. Doch weit gefehlt: Gegen Ende des 20. Jahrhunderts dominierten große, kommerzielle Erzeuger mit sogenanntem „Mainstream-Äppler" den Markt. Zugegebenermaßen war der hausgekelterte „echte" Stoff vor dem dritten Schoppen eine ziemliche Herausforderung (anschließend hatte man sich das Ganze „schöngetrunken") und außerhalb der Hitze des Hochsommers für Nicht-Hessen ungenießbar. Mit Limo „gespritzt" gilt der Apfelwein übrigens bis heute als „Ebbelwoi für Anfänger".

Hessischer Apfelwein wird traditionell aus den sauren Äpfeln der in den Mittelgebirgen rund um Frankfurt liegenden Streuobstwiesen vergoren; ein kleiner Anteil tanninhaltiger Früchte wie Quitten, Mispeln oder Speierling (eine Ebereschenart) sorgt für bessere Haltbarkeit. Streuobstwiesen bieten auch eine enorme Vielfalt an Apfelsorten, darunter Ananasrenette, Rheinischer Bohnapfel, Berlepsch oder Gewürzluike – ein Füllhorn an Aromen! Allerdings stammt leider nur rund die Hälfte aller Ebbelwoi-Äpfel aus Hessen – daran scheint auch der geografische Schutz nichts geändert zu haben.

Dennoch hat längst eine wahre Revolution beim „Stöffche" stattgefunden, mit neuen Qualitäten, aber auch ungeahnten Höhenflügen im „Gerippten". Inspiriert vor allem von den fruchtbetonten Apfelweinen, die ab Anfang der Neunzigerjahre in der Normandie entstanden, bildete sich eine internationale Szene, wurde die Tradition quasi neu erfunden. Die „Young-Generation" tastet sich seitdem heran an herbe und doch reintönige Apfelweine, als Ausdruck nahezu in Vergessenheit geratener Sorten. Die stilistische Bandbreite reicht vom süffig-leichten Stoff bis zu markanten, vom Holzfass geprägten Tropfen. Unterschiede in Sorten, Jahrgang und Ausbau sind sorgfältig herausgearbeitet, vom einfachen „Alltagsschobbe" bis zum flaschenvergorenen Schaumwein, der selbst im tiefsten Winter großartig schmeckt. Und dies nicht nur in Hessen!

Westfalens schwarze Seele

PUMPERNICKEL

WESTEN

Hunderte, wenn nicht gar Tausende von unterschiedlichen Brotsorten gibt es in Deutschland, doch am bekanntesten ist die vielleicht außergewöhnlichste unter ihnen: der schwarzbraune, kompakte und süßlich-malzig duftende Pumpernickel aus Westfalen. Wobei das lange haltbare Brot mit dem kuriosen Namen eigentlich gar nicht richtig gebacken wird, sondern in langen Kastenformen in geschlossenen Backkammern bei nur 100 Grad Celsius mindestens 16 Stunden lang gedämpft wird und dabei vor sich hin dünstet. Der dichte, schwere Teig besteht traditionell aus Roggenschrot, Wasser und Salz und säuert im Ofen nach. Der süßliche Geschmack entsteht durch den Abbau der Stärke zu Zucker, die dunkle Farbe nicht, wie häufig angenommen, durch Karamellisieren, sondern durch die sogenannte Maillard-Reaktion, eine nicht-enzymatische Bräunungsreaktion. Heute wird meist noch etwas Zuckerrübensirup und Gerstenmalzextrakt zum Teig gegeben. Das macht ihn noch süßer und noch dunkler.

Bis weit ins 20. Jahrhundert hinein war Pumpernickel, der in Westfalen selbst „Swattbraut" (Schwarzbrot) heißt, das Grundnahrungsmittel der Bauern. Das Klima ist hier noch von der Nordsee geprägt und daher eher für Roggen als Weizen geeignet. Da sich die Körner auch ohne Mühle grob mörsern oder schroten ließen, war man in der Lage, diese Art Brot direkt auf den Höfen selbst herzustellen. Man brockte es morgens in Biersuppe, aß es nach der Feldarbeit mit Butter zum Kaffee und abends wieder zur Suppe. „Braut un Stuten", eine Kombi aus Pumpernickel und weißem Rosinenbrot mit Butter, galt da schon als absoluter Luxus.

„WESTFÄLISCHES ABENDMAHL"

Der Ursprung der sehr eigentümlichen Herstellungsmethode, die unter Bäckern als Kochen bezeichnet wird, verliert sich im Dunkel des Mittelalters. Ein um 1500 datiertes Kirchenfenster in Soest zeigt das sogenannte „Westfälische Abendmahl" mit Schweinskopf, Schinken, Bier, Schnaps – und dunklem Brot! Der Pumpernickel könnte aber auch in der Zeit des Dreißigjährigen Krieges entstanden sein: Soest wurde damals immer wieder angegriffen, und es ist vorstellbar, dass auf einem Hof Brot im langsam erkaltenden Ofen verblieb. Man probierte das Ergebnis, befand es für gut und passte den Backvorgang entsprechend an. Nun, das Geheimnis bleibt vermutlich auf ewig ungelüftet – dem guten Geschmack tut dies aber keinen Abbruch.

Um den Namen Pumpernickel wiederum ranken sich unzählige Geschichten, die den Teufel (wurde im Mittelalter stellenweise als „Pompernickel" bezeichnet), Blähungen („Pumper" steht im Sauerland für Flatulenz) sowie einen französischen berittenen Soldaten ins Feld führen. Letzterer habe entschieden, das schwarze Brot sei gut für sein Pferd Nicole („pain pour Nicole", klingt mit etwas Fantasie tatsächlich ein wenig wie Pumpernickel) – was damals allerdings nicht zwangsläufig abschätzig gemeint war. Spezielle Brote waren nämlich mindestens seit dem frühen 17. Jahrhundert als Pferdefutter durchaus üblich. Bis zur Lebensreform-Bewegung um 1900 und den damit verbundenen „Aufstieg" des Vollkornbrots zum gesunden Lebensmittel, war Pumpernickel der Inbegriff des Arme-Leute-Brots. Und so fand es mit der Auswanderungswelle in Zeiten der Massenarmut im 19. Jahrhundert auch in den USA Verbreitung. Heute ist Pumpernickel als Kulturgut geschützt, geschätzt und wird aus Westfalen in die ganze Welt exportiert. Es lohnt sich, in der Küche damit zu experimentieren, nicht nur als Schichtbrot und in der Sauerbraten-Sauce, sondern auch in süßen Gerichten, wo „Swattbraut" mit Sahne und Früchten geschichtet als „Westfälische Götterspeise" sein vielseitiges Potenzial zeigt.

ESSEN IST FERTIG

REZEPTE AUS DEM WESTEN DEUTSCHLANDS

WESTEN

HANDKÄS-KUCHEN MIT APFEL-SENFKORN-CHUTNEY

FÜR 4 PERSONEN

APFEL-SENFKORN-CHUTNEY
2 rote Zwiebeln (z. B. Höri Bülle)
2 Stangen Staudensellerie
3 Boskoop
1 TL Senfkörner
60 g brauner Zucker
120 ml Apfelessig
100 ml Apfelwein
1 Lorbeerblatt
2 EL Honig
4 Zweige Thymian

Zwiebeln schälen, halbieren und in feine Streifen schneiden. Staudensellerie putzen, schälen und in kleine Würfel schneiden. Äpfel schälen, Kerngehäuse entfernen, Äpfel erst in Spalten dann in dünne Scheiben schneiden. Die Senfkörner in einen kleinen Topf geben und mit Wasser auffüllen. Auf dem Herd zum Kochen bringen, in ein Sieb schütten und kalt abspülen. Diesen Vorgang zwei weitere Male durchführen. Den Zucker in einem Topf karamellisieren und mit Apfelessig und Apfelwein ablöschen. Lorbeerblatt und Honig zugeben und alles aufkochen. Zwiebelstreifen und Sellerie zugeben und bei mittlerer Temperatur 6–8 Minuten köcheln lassen. Thymianblättchen abzupfen, zusammen mit den Apfelscheiben und den Senfkörnern in den Topf geben und weitere 5 Minuten köcheln lassen. Das Chutney in ein Einmachglas füllen, noch heiß verschließen und im Kühlschrank lagern.

HANDKÄS-KUCHEN
120 g geröstete Pinienkerne
100 g zimmerwarme Butter
+ Butter zum Einfetten
200 g Weizenmehl + Mehl zum Ausrollen
1 Eigelb
1 Prise Salz
1 Prise gemahlener Kümmel
Erbsen zum Blindbacken
125 ml Sahne
125 ml Riesling
2 Eier
30 g Speisestärke
250 g junger Handkäse
250 g Quark (40 % Fettgehalt)
Salz, Pfeffer
Muskatnuss

Den Backofen auf 200 °C Ober- und Unterhitze vorheizen. Für den Teig die Pinienkerne in einer Küchenmaschine oder mit einem Messer fein hacken. Aus Butter, Mehl, Eigelb, Salz, Kümmel und den gehackten Pinienkernen einen glatten Teig kneten und in Klarsichtfolie gewickelt mindestens 1 Stunde im Kühlschrank ruhen lassen. Den Teig auf einer bemehlten Arbeitsfläche mit einem Nudelholz etwas größer als die Tarteform ausrollen. Die Tarteform einfetten und mit dem Teig auslegen. Teig an den Rändern festdrücken und den Teigboden mit einer Gabel einstechen. Backpapier in Größe der Tarteform ausschneiden und auf den Teig legen. Mit den getrockneten Erbsen beschweren und im Ofen etwa 10 Minuten blindbacken. Den Boden herausnehmen und auf einem Kuchengitter auskühlen lassen. Den Backofen auf 170 °C herunterdrehen. Die Sahne mit dem Riesling, den Eiern und der Stärke glatt rühren. Handkäse grob reiben und unter die Masse rühren. Zum Schluss den Quark untermischen und die Masse mit Salz, Pfeffer und Muskatnuss abschmecken. Die Füllung auf dem Boden verteilen und den Kuchen 25–30 Minuten backen. Herausnehmen, abkühlen lassen und aus der Form stürzen. Kuchen lauwarm mit dem Chutney servieren.

ZWIEBELKUCHEN

FÜR 12 STÜCKE

KRÄUTERSCHMAND
1 Pck. Frankfurter-Grüne-Sauce-Kräuter
300 g Schmand
Salz, Pfeffer
Zitronensaft

Kräuter putzen und fein hacken. Kräuter unter den Schmand rühren und mit Salz, Pfeffer und Zitronensaft abschmecken. Bis zum Servieren abgedeckt kalt stellen.

TEIG
200 g Weizenmehl
½ Päckchen Backpulver
½ TL Salz
125 g Magerquark
75 ml Milch
50 ml Pflanzenöl

Das Mehl mit dem Backpulver mischen. Alle Zutaten zufügen und mit einem Handrührgerät mit Knethaken erst auf niedrigster, dann auf höchster Stufe kurz zu einem glatten Teig verarbeiten. Den Teig zu einer Kugel formen, in Frischhaltefolie wickeln und etwa 1 Stunde kalt stellen.

ZWIEBELKUCHEN
Butter zum Einfetten
750 g gemischte Zwiebeln
1 Bund Frühlingszwiebeln
2 EL Pflanzenöl
150 g Crème fraîche
1 Ei
250 ml Milch
25 g Speisestärke
100 g Schinkenwürfel
Salz, Pfeffer

Den Backofen auf 180 °C Ober- und Unterhitze vorheizen. Ein rundes Blech oder eine Springform (Ø 28 cm) mit Butter einfetten. Die Zwiebeln schälen, halbieren und klein schneiden. Frühlingszwiebeln putzen und in Ringe schneiden. Das Öl in einer Pfanne erhitzen und die Zwiebeln darin glasig dünsten. Crème fraîche, Ei, Milch und Speisestärke in einer Rührschüssel verrühren und unter die Zwiebeln heben. Schinkenwürfel unterrühren und kräftig mit Salz und Pfeffer würzen. Den Teig auf einer leicht bemehlten Arbeitsfläche etwas größer als die Form ausrollen. Die Form damit auslegen, den Rand leicht andrücken und die Zwiebelmasse auf dem Teigboden verteilen. Im Backofen auf mittlerer Schiene etwa 50 Minuten backen. Den Zwiebelkuchen herausnehmen und auf einem Kuchengitter etwas abkühlen lassen. Anschließend aus der Form lösen und mit dem Kräuterschmand servieren.

TAFELSPITZSÜLZE IM GLAS MIT GRÜNE-SAUCE-MOUSSE

FÜR 4 PERSONEN

TAFELSPITZ
1 Zwiebel
1 Karotte
1 Petersilienwurzel
2 Stangen Staudensellerie
1 Lauchstange
Salz
800 g küchenfertiger
Kalbstafelspitz mit Fettdeckel
20 g getrocknete Steinpilze
2 Lorbeerblätter
6 Wacholderbeeren
10 Pfefferkörner
3 Nelken
3 Zweige Thymian
2 Stängel Petersilie
2 Stängel Liebstöckel

Die Zwiebel halbieren und in einer Pfanne ohne Fett auf der Schnittfläche rösten, bis sie fast schwarz ist. Das Gemüse putzen und grob klein schneiden. In einem großen Topf ausreichend Wasser zum Kochen bringen und kräftig salzen. Dann das Fleisch zugeben und bei mittlerer Temperatur köcheln lassen. Den Schaum an der Oberfläche entfernen und das vorbereitete Gemüse mit den Steinpilzen, Zwiebelhälften und Gewürzen in den Topf geben. Bei geringer Temperatur etwa 2 Stunden langsam köcheln lassen. Dabei gelegentlich den Schaum entfernen. Die Kräuter mit Küchenschnur zusammenbinden und nach 1,5 Stunden Garzeit in den Topf geben. Sobald das Fleisch weich ist, die Kräuter entfernen und den Tafelspitz in der Brühe auskühlen lassen.

SÜLZE
gekochter Tafelspitz
Tafelspitzbrühe
Salz, Pfeffer
Zucker
2–3 EL Weißweinessig
10 Blatt Gelatine
1 gelbe Karotte
1 Karotte
1 Zucchini
2 Stangen Staudensellerie
2 Schalotten
100 g kleine Pfifferlinge
1 EL Pflanzenöl
2 Essiggurken

Tafelspitz aus der Brühe nehmen, den Fettdeckel abschneiden und das Fleisch in kleine Würfel schneiden. Die Brühe erwärmen, erst durch ein Spitzsieb und dann durch ein Passiertuch passieren. Die Brühe auf 1 Liter einkochen und zum Schluss mit Salz, Pfeffer, 1 Prise Zucker und dem Essig kräftig abschmecken. Die Gelatine in kaltem Wasser einweichen, gut ausdrücken und in der warmen Brühe auflösen. Die Brühe abkühlen lassen. Das Gemüse putzen, ggf. schälen und in kleine Würfel schneiden. Die Pfifferlinge putzen und je nach Größe halbieren oder vierteln. Das Pflanzenöl in einer Pfanne erhitzen und die Gemüsewürfel darin bei mittlerer Temperatur ohne Farbe anschwitzen. Mit Salz und Pfeffer würzen, auf Küchenpapier abtropfen lassen und abgedeckt kalt stellen. Die Essiggurken in Würfel schneiden. Die ausgekühlten Gemüsewürfel zusammen mit den Gurkenwürfeln und dem Tafelspitz vermengen. Die abgekühlte Brühe mit den Zutaten vermischen und kurz vor dem Gelieren in Gläser abfüllen. Abgedeckt im Kühlschrank kalt stellen.

GRÜNE-SAUCE-MOUSSE
1 Päckchen Frankfurter-
Grüne-Sauce-Kräuter
50 ml Milch
100 g Schmand
100 g Crème fraîche
mittelscharfer Senf
Honig
Salz, Pfeffer
Abrieb und Saft von
½ unbehandelten Zitrone
4 Blatt Gelatine
200 ml Sahne
4 Wachteleier

Die Kräuter putzen und mit der Milch in einem Mixer fein pürieren. Mit Schmand und Crème fraîche verrühren und mit Senf, Honig, Salz, Pfeffer, Zitronenabrieb und dem -saft abschmecken. Die Gelatine in kaltem Wasser einweichen, ausdrücken und in einem kleinen Topf mit 2 EL Sahne bei geringer Hitze auflösen. Dann in die Sauce einrühren. Die restliche Sahne aufschlagen und kurz vor dem Gelieren unter die Sauce heben. Dann die Masse auf die Sülze in die Gläser füllen und kalt stellen. Sobald die Mousse fest geworden ist, die Wachteleier in kochendem Wasser 2 ½ Minuten kochen und in kaltem Wasser abschrecken. Die Eier pellen, halbieren und auf der Mousse anrichten.

ANRICHTEN

Die Sülze in Scheiben geschnitten auf Tellern anrichten und die Frankfurter-Grüne-Sauce-Mousse mit den Wachteleier servieren.

MUSCHELN RHEINISCHE ART

FÜR 4 PERSONEN

SCHWARZER-KNOBLAUCH-BUTTER
1 Knolle fermentierter schwarzer Knoblauch
150 g weiche Butter
Fleur de Sel
Pfeffer

Die Schale der fermentierten Knoblauchzehen entfernen und die Zehen mit einer Gabel zerdrücken. Mit der weichen Butter vermischen und die Buttermasse mit Salz und Pfeffer abschmecken. Die Butter in Klarsichtfolie zu einer Rolle formen und mindestens 6 Stunden kühl stellen.

MUSCHELN RHEINISCHE ART
2 kleine Karotten
1 Stange Staudensellerie
½ Stange Lauch
1 Zwiebel
1,5 kg Miesmuscheln
2 EL Pflanzenöl
Salz
200 ml Gemüsebrühe
330 ml Kölsch
1 EL gehackte Petersilie
geröstete Weißbrotscheiben

Karotten putzen, schälen und in feine Streifen schneiden. Staudensellerie putzen und in kleine Stücke schneiden. Lauch waschen und in Ringe schneiden. Zwiebel schälen, halbieren und in Streifen schneiden. Miesmuscheln unter fließendem Wasser gründlich waschen, geöffnete Muscheln aussortieren und wegwerfen. In einem großen Topf das Öl erhitzen. Karotten, Sellerie, Lauch und Zwiebel darin anbraten und mit etwas Salz würzen. Miesmuscheln zugeben und mit Gemüsebrühe und Bier ablöschen. Alles einmal aufkochen, den Topf vom Herd nehmen und bei geschlossenem Deckel etwa 10 Minuten ziehen lassen. Vor dem Servieren geschlossene Muscheln aussortieren und entsorgen. Die Muscheln mit Petersilie bestreut und mit frisch gerösteten Weißbrotscheiben sowie Schwarzer-Knoblauch-Butter servieren.

SCHNIPPELBOHNEN-SUPPE MIT AHLE WURST

FÜR 4 PERSONEN

200 g Ahle Wurst
1 Schalotte
2 Stängel Bohnenkraut
300 g Stangenbohnen
1 EL Pflanzenöl
75 ml trockener Weißwein
600 ml Gemüsebrühe
100 ml Sahne
Salz, Pfeffer
Muskatnuss
Speisestärke nach Bedarf

Die Wurst in Scheiben schneiden. Die Schalotte schälen und fein würfeln. Bohnenkrautblättchen abzupfen und hacken. Die Bohnen putzen und schräg in dünne Streifen schneiden. In kochendem, gesalzenem Wasser blanchieren und in Eiswasser abschrecken. In einem Topf das Öl erhitzen und die Wurstscheiben unter mehrmaligem Wenden anbraten. Herausnehmen und auf Küchenpapier abtropfen lassen. Im Bratfett die Schalottenwürfel anschwitzen, Bohnenkraut zugeben und mit Weißwein ablöschen. Alles einkochen lassen und mit der Gemüsebrühe auffüllen. Die Bohnen zugeben und weich garen. Den Eintopf mit Sahne, Salz, Pfeffer und Muskat abschmecken. Nach Belieben mit in kaltem Wasser angerührter Speisestärke zur gewünschten Konsistenz binden. Die Wurstscheiben in die Suppe geben und sofort servieren.

BIERSUPPE MIT WESTFÄLISCHEM PUMPERNICKEL

FÜR 4 PERSONEN

4 Scheiben Westfälischer Pumpernickel
70 g Butter
2 Zwiebeln
4 EL Weizenmehl
700 ml Dortmunder Export
300 ml Hühnerbrühe
250 ml Sahne
Salz, Pfeffer
Muskatnuss

Das Brot in Würfel schneiden. 1 EL Butter in einer Pfanne zerlassen und die Brotwürfel darin knusprig braten. Herausnehmen und auf Küchenpapier abtropfen lassen. Die Zwiebeln schälen und in kleine Würfel schneiden. Die restliche Butter in einer Pfanne zerlassen und die Zwiebeln darin anbraten. Das Mehl dazugeben, unter Rühren goldgelb braten und mit Bier und Hühnerbrühe aufgießen. Alles etwa 15 Minuten unter Rühren köcheln lassen, die Sahne unterrühren und mit Salz, Pfeffer und Muskat abschmecken. Die Suppe auf Teller verteilen und mit dem Pumpernickel bestreut servieren

MÖPPKENBROT

FÜR 4 PERSONEN

500 ml frisches Schweineblut
500 ml Fleischbrühe
etwa 750 g Roggenmehl
100 g fetter Speck
Salz, Pfeffer
Muskatnuss
gerebelter Thymian
gemahlener Piment
gemahlener Kreuzkümmel
1 Prise Zucker
1–2 Zwiebeln
1–2 Äpfel
30 g Butterschmalz
Rübenkraut nach Bedarf
Pumpernickel nach Bedarf

Blut und Brühe verrühren. Nach und nach das Roggenmehl zufügen, bis ein fester Teig entstanden ist. Speck in Würfel schneiden und unter den Teig arbeiten. Mit den Gewürzen abschmecken und 30 Minuten quellen lassen. Den Teig zu länglichen Rollen formen und erst fest in Klarsichtfolie, dann in Alufolie oder Küchentücher wickeln. Die Stangen in kochendem Wasser etwa 30–40 Minuten gar ziehen lassen. Anschließend herausnehmen, etwas abkühlen lassen, auswickeln und anschließend die Teigrollen in Scheiben schneiden. Zwiebel schälen und in Ringe schneiden. Apfel schälen, vierteln, entkernen und in Würfel schneiden. Butterschmalz in einer Pfanne erhitzen und die Zwiebelringe darin anbraten. Apfelwürfel zugeben und mitbraten. Möppkenbrotscheiben von beiden Seiten anbraten. Mit Rübenkraut zu Pumpernickel servieren.

GERSTESUPP

FÜR 4 PERSONEN

150 g Gerstengraupen
1 Zwiebel
2 Karotten
½ Knollensellerie
1 Lauchstange
50 g Speck
2 EL Sonnenblumenöl
75 ml trockener Weißwein
600 ml Geflügelbrühe
150 ml Sahne
1 EL frisch gehackte Kräuter
(z. B. Petersilie, Schnittlauch)
Salz, Pfeffer
Muskatnuss

Die Gerstengraupen waschen und in einem Sieb abtropfen lassen. Die Zwiebel schälen und fein würfeln. Die Karotten und den Sellerie putzen, schälen und fein würfeln. Den Lauch putzen, halbieren und waschen, Stange erst in Streifen, dann in Würfel schneiden. Den Speck fein würfeln. Das Öl in einem Topf erhitzen und die Zwiebel darin glasig anbraten. Die Speckwürfel und die Graupen zugeben und mitanschwitzen. Mit dem Weißwein ablöschen und einkochen, bis die Flüssigkeit fast verkocht ist. Mit der Brühe auffüllen und bei geringer Temperatur unter gelegentlichem Rühren köcheln lassen, bis die Graupen weich gekocht sind. Etwa 10 Minuten vor Ende der Garzeit die Gemüsewürfel zur Suppe geben. Zum Schluss die Sahne zugießen und die Graupensuppe mit Kräutern, Salz, Pfeffer und Muskat abschmecken.

WOIHINKELSCHE

FÜR 6 PERSONEN

2 Zwiebeln
200 g Karotten
400 g Champignons
3 Knoblauchzehen
2 küchenfertige Hühnchen (ca. 1 kg)
3 EL Butterschmalz
2 EL Cognac
500 ml trockener Riesling
250 ml Sahne
Speisestärke nach Bedarf
Salz, Pfeffer
3 Stängel Petersilie
2 Stängel Estragon

Die Zwiebeln schälen und würfeln. Die Karotten putzen, schälen und in Würfel schneiden. Die Champignons putzen und vierteln. Den Knoblauch schälen und durch eine Presse drücken. Die Hühnchen waschen, trocken tupfen, in Stücke zerteilen und mit Knoblauch einreiben. In einem Schmortopf 2 EL Butterschmalz erhitzen und die Hühnchenstücke darin von allen Seiten anbraten. Mit Cognac ablöschen und flambieren. In einem Topf das restliche Butterschmalz erhitzen und die Zwiebeln mit den Champignons anbraten. Die Zwiebel-Champignon-Mischung zum Geflügel geben und den Wein angießen. Alles etwa 30–35 Minuten bei mittlerer Temperatur köcheln. Zum Schluss die Sahne unterrühren und die Sauce mit etwas in kaltem Wasser angerührter Speisestärke zur gewünschten Konsistenz binden. Mit Salz und Pfeffer abschmecken. Petersilie und Estragonblätter abzupfen und hacken. Kräuter unter die Sauce rühren und servieren.

PFÄLZER SAUMAGEN IN KARTOFFELKRUSTE MIT ROTWEINZWIEBELN

FÜR 4 PERSONEN

ROTWEINZWIEBELN
4 rote Zwiebeln
1 EL Pflanzenöl
1 EL Butter
30 g Zucker
Salz
250 ml Rotwein
100 ml Portwein
1 Lorbeerblatt
2 Zweige Thymian

Die Zwiebeln schälen, halbieren und in Streifen schneiden. Öl und Butter in einem Topf erhitzen und die Zwiebeln zugeben. Nach etwa 5 Minuten den Zucker und 1 Prise Salz zugeben und die Zwiebeln farblos anbraten. Dann mit Rotwein und Portwein ablöschen, Lorbeer und Thymian zugeben und bei niedriger Hitze köcheln lassen, bis die Flüssigkeit fast komplett verkocht ist. Die Rotweinzwiebeln vom Herd nehmen und warm halten.

PFÄLZER SAUMAGEN IN KARTOFFELKRUSTE
800 g Kartoffeln
2 Eier
Salz, Pfeffer
Muskatnuss
4 EL Butterschmalz zum Braten
4 Scheiben Pfälzer Saumagen (ca. 1 cm dick)
Weizenmehl zum Wenden

Die Kartoffeln schälen und auf einer Küchenreibe grob raspeln. Die geraspelten Kartoffeln in einem Küchenhandtuch ausdrücken, bis keine Flüssigkeit mehr austritt. Die Kartoffelmasse in eine Schüssel geben und mit den Eiern vermengen. Mit Salz, Pfeffer und Muskat würzen. Das Mehl auf eine Schale oder in eine flache Schüssel geben. Butterschmalz in einer Pfanne erhitzen. Die Saumagenscheiben im Mehl wenden und überschüssiges Mehl abklopfen. Die Rösti-Masse in 8 Portionen teilen. Jeweils 1 Portion in der Größe der Saumagenscheiben in die Pfanne geben, die Saumagenscheiben auflegen und leicht andrücken. Rösti bei mittlerer Hitze knusprig braten. Auf die Saumagenscheiben jeweils 1 weitere Portion der Rösti-Masse geben, leicht andrücken und vorsichtig wenden. Auf der zweiten Seite ebenfalls knusprig anbraten. Anschließend auf Küchenpapier abtropfen lassen und mit den Rotweinzwiebeln servieren.

HUNSRÜCKER KLÖSSE MIT SPECKSAUCE

FÜR 4 PERSONEN

500 g rohe Kartoffeln
500 g gekochte Kartoffeln vom Vortag
Salz
100 g Weizenmehl
Pfeffer
Muskatnuss
1 Stange Lauch
2 Zwiebel
2 EL Butter
1 Brötchen
250 g gemischtes Hackfleisch
100 g Hausmacher Leberwurst
100 g Speck
300 ml Fleischbrühe
200 ml Sahne
4 Frühlingszwiebeln
4 EL stückiges Apfelkompott

Die rohen Kartoffeln schälen, auf einer Küchenreibe fein reiben und in einem Tuch kräftig auspressen. Die gekochten Kartoffeln pellen und durch eine Kartoffelpresse drücken. Die rohen und gekochten Kartoffeln in einer Schüssel miteinander vermischen und mit Salz, Pfeffer und Muskat würzen. So viel Mehl unter die Masse arbeiten, bis diese nicht mehr an den Händen klebt. Den Lauch waschen, das dunkelgrüne Ende und die Wurzel entfernen. Den hellen Teil halbieren und in feine Streifen schneiden. Zwiebeln schälen und fein würfeln. Den Lauch und die Hälfte der Zwiebelwürfel mit 1 EL Butter in einer großen Pfanne andünsten. Das Brötchen in kleine Würfel schneiden, zusammen mit dem Hackfleisch in die Pfanne geben und anbraten. Die Leberwurst zugeben und noch mal 3-4 Minuten bei mittlerer Hitze weiterbraten. Die Fleischmasse mit Salz und Pfeffer abschmecken. Aus dem Kloßteig 4 große Kugeln formen. In die Mitte der Kugel eine Vertiefung drücken und einen ca. 2 cm dicken Rand formen, sodass der Kloß die Form eines Bechers bekommt. Die Füllung hineingeben, über der Füllung den Teig verschließen und die Klöße rund abrollen. Anschließend in kochendes Salzwasser geben, kurz aufwallen lassen und bei schwacher Hitze 45 Minuten ziehen lassen. Den Speck würfeln, 1 EL Butter in einer Pfanne zerlassen und die restlichen Zwiebeln mit dem Speck darin anbraten. Mit 1 EL Mehl bestäuben, etwas bräunen lassen und mit der Brühe ablöschen. Die Sauce etwas einkochen lassen, die Sahne zugeben und mit Salz und Pfeffer abschmecken. Frühlingslauch putzen und in Ringe schneiden. Die Klöße aus dem Wasser nehmen und auf Küchenpapier abtropfen lassen. Die Sauce zusammen mit den Klößen anrichten und mit den Frühlingslauchringen bestreut und Apfelkompott servieren.

WESTFÄLISCHER PANHAS MIT RÜBENKRAUT, KARTOFFELPÜREE UND GLASIERTEN ÄPFELN

FÜR 4 PERSONEN

ÄPFEL
2 säuerliche Äpfel
2 EL Butter
1 EL Zucker
2 EL Zitronensaft
2 EL Apfelsaft
1 Schuss Apfelbrand

Äpfel schälen, entkernen und in Spalten schneiden. Den Zucker in einer Pfanne hellbraun karamellisieren, Butter zugeben und auflösen. Zitronensaft und Apfelsaft zugeben und die Apfelspalten darin weich dünsten. Zum Schluss mit einem Schuss Apfelbrand abschmecken.

KARTOFFELPÜREE
800 g mehligkochende Kartoffeln
Salz
100 ml Sahne
100 ml Milch
3 EL Butter
Pfeffer
Muskatnuss

Kartoffeln schälen und klein schneiden. Die Kartoffeln mit 1 TL Salz etwa 25 Minuten weich kochen, abschütten und ausdämpfen lassen. Mit einer Kartoffelpresse oder einem Stampfer zerdrücken. Sahne und Milch mit der Butter erhitzen und nach und nach unter die Kartoffeln rühren, bis das Püree die gewünschte Konsistenz hat. Mit Salz, Pfeffer und Muskat abschmecken.

PANHAS
3 Zwiebeln
100 g Bauchspeck
350 g Leberwurst
350 g Blutwurst
500 ml Fleischbrühe
Salz, Pfeffer
gemahlene Nelken
1–2 EL gerebelter Majoran
1 TL gehackter Thymian
1 TL gehackter Rosmarin
500 g Buchweizenmehl
50 g Butterschmalz
4 EL Rübenkraut

Zwiebeln schälen und fein würfeln. Speck ebenfalls in Würfel schneiden. Die Würste pellen und grob klein schneiden. Eine Pfanne erhitzen und den Speck darin anbraten. Dann die Zwiebeln zugeben und farblos anbraten. Mit der Brühe aufgießen und die Würste zugeben. Alles einmal aufkochen und die Masse mit den Gewürzen und Kräutern abschmecken. Das Buchweizenmehl unter Rühren zugeben und die Masse etwa 10 Minuten köcheln lassen. Bei geringer Hitze 30 Minuten quellen lassen. Die Masse in eine Schüssel oder Form füllen, glatt streichen und auskühlen lassen. Aus der Form auf einen Teller stürzen und in Scheiben schneiden. Butterschmalz in einer Pfanne erhitzen und von beiden Seiten anbraten. Herausnehmen und kurz auf Küchenpapier abtropfen lassen. Die Scheiben auf Tellern anrichten, glasierte Apfelspalten darauf verteilen und mit Rübenkraut und Kartoffelpüree servieren.

OFENKARTOFFEL MIT KOCHKÄSE UND APFELWEIN-ZWIEBELN

FÜR 4 PERSONEN

OFENKARTOFFEL
4 große festkochende Kartoffeln (à 250 g)
2 EL Olivenöl
grobes Meersalz

Backofen auf 200 °C Ober- und Unterhitze vorheizen. Kartoffeln waschen und abtrocknen. Jeweils mit ½ EL Olivenöl und Meersalz in Alufolie wickeln und etwa 1 Stunde weich garen.

APFELWEIN-ZWIEBELN
2 Zwiebeln
1 EL Pflanzenöl
50 g Zucker
Salz
100 ml Apfelwein
50 ml Apfelessig
1 Lorbeerblatt

Die Zwiebeln schälen und in Ringe schneiden. Öl in einem Topf erhitzen und die Zwiebelringe darin 10 Minuten bei mittlerer Hitze dünsten. Nach 5 Minuten den Zucker und eine Prise Salz zugeben. Dann mit Apfelwein und Essig ablöschen, Lorbeer zugeben und 2 Minuten köcheln lassen. Lorbeerblatt entfernen, die Zwiebeln zusammen mit der Flüssigkeit in Einmachgläser füllen und im Kühlschrank kalt stellen. Die Zwiebeln mindestens 12 Stunden ziehen lassen.

KOCHKÄSE
180 g Kondensmilch
300 g Handkäse
150 g Schmelzkäse
200 g Butter
1 TL Natron
200 g Schmand
1 ½ TL Kümmelsamen
+ Kümmel zum Anrichten

Kondensmilch in einen Topf geben. Handkäse klein schneiden und zusammen mit dem Schmelzkäse dazugeben. Unter ständigem Rühren erhitzen, bis sich alles aufgelöst hat. Die Butter klein schneiden und ebenfalls einrühren, bis eine glatte Masse entstanden ist. Die Masse vom Herd nehmen und das Natron einrühren. Dann den Kochkäse etwas abkühlen lassen und den Schmand mit dem Kümmel untermischen. Im Kühlschrank mindestens 2 Stunden kalt stellen. Zum Servieren die Ofenkartoffeln einschneiden und etwas aufdrücken. Mit dem Kochkäse, den Apfelwein-Zwiebeln und etwas Kümmel garniert servieren.

POCHIERTE EIER MIT ÄRPEL UND SCHLAAT

FÜR 4 PERSONEN

ÄRPEL UND SCHLAAT
800 g Kartoffeln
Salz
1 Zwiebel
1 EL Pflanzenöl
150 g gewürfelter Speck
1 Kopf Endiviensalat
4 EL Weißweinessig
3 EL Pflanzenöl
2 EL Senf
Pfeffer
500 ml Milch
100 g Butter
Muskatnuss

Kartoffeln schälen, in Stücke schneiden und in ausreichend Salzwasser weich kochen. Währenddessen Zwiebel schälen und fein würfeln. Öl in einer Pfanne erhitzen, Zwiebelwürfel anbraten und den Speck darin knusprig braten. Zwiebel-Speckwürfel auf Küchenpapier abtropfen lassen. Den Endiviensalat putzen und in Streifen schneiden. Salat waschen und trocken schleudern. Essig, Öl und Senf in ein hohes, schmales Gefäß geben und mit einem Stabmixer zu einem Dressing verrühren. Mit Salz und Pfeffer würzen und die Zwiebel-Speckwürfel unterrühren. Die Kartoffeln abschütten, ausdampfen lassen und zerstampfen. Milch und Butter in einen Topf geben und erhitzen. Mit Salz, Pfeffer und Muskat abschmecken und unter die Kartoffeln rühren. Das Dressing mit dem Endiviensalat vermischen und unter den Kartoffelbrei rühren.

POCHIERTE EIER
2 EL Essig
4–8 Eier

In einem Topf 1 Liter Wasser mit dem Essig zum Kochen bringen. Dann die Temperatur zurückschalten, sodass das Wasser nur noch siedet. Die Eier jeweils in einer kleinen Tasse aufschlagen, mit einem Löffel einen Strudel im Wasser erzeugen und die Eier nacheinander vorsichtig hineingleiten lassen. Mit dem Löffel in eine runde Form bringen. Nach ca. 4–5 Minuten die Eier mit einem Schaumlöffel aus dem Wasser heben und auf Küchenpapier abtropfen lassen. Die pochierten Eier mit dem Endivien-Kartoffelbrei servieren.

KASSELER MIT STROMBERGER PFLAUMEN

FÜR 4 PERSONEN

500 g Stromberger Pflaumen
2 EL Butterschmalz
4 Scheiben geräuchertes Kasseler à 180 g
200 ml trockener Rotwein
200 ml Fleischbrühe
Salz, Pfeffer

Die Pflaumen waschen, entsteinen und vierteln. Butterschmalz in einer Pfanne erhitzen. Kasseler von beiden Seiten etwa 1–2 Minuten darin braten. Aus der Pfanne nehmen und abgedeckt warm halten. Den Bratensatz in der Pfanne mit dem Rotwein ablöschen, die Brühe dazugeben und auf zwei Drittel einkochen lassen. Die Pflaumen in die Sauce geben, kurz aufkochen, mit Salz und Pfeffer abschmecken und zum Kasseler servieren.

DÖPPEKOOCHE

FÜR 4 PERSONEN

1 Zwiebel
1 kg Kartoffeln
1 Apfel
2 Eier
2 EL Speisestärke
1 gehäufter TL Salz
Muskatnuss
Butter zum Einfetten
200 g durchwachsene Speckscheiben

Den Backofen auf 200 °C Ober- und Unterhitze vorheizen. Die Zwiebel schälen und reiben. Die Kartoffeln schälen. Apfel schälen, Kerngehäuse entfernen und zusammen mit den Kartoffeln reiben. Kartoffeln, Apfel und Zwiebel in ein Tuch geben und auspressen. Die Masse mit Eiern, Speisestärke, Salz und Muskat gut vermengen. Einen gusseisernen Topf oder eine Auflaufform gut einfetten und den Boden mit einigen Speckscheiben auslegen. Abwechselnd Kartoffelmasse und Speckscheiben einschichten und mit Kartoffelmasse abschließen. Im Backofen etwa 2 Stunden backen, bis der Döppekooche eine schöne braune Kruste hat. Auf Teller verteilen und heiß servieren.

SAUERLÄNDISCHE POTTHUCKE

FÜR 4 PERSONEN

300 g gekochte Kartoffeln
600 g Kartoffeln
300 g grobe Mettwurst
200 ml Sahne
4 Eier
Salz, Pfeffer
Muskatnuss
30 g Butter
+ Butter zum Einfetten

Den Backofen auf 180 °C Ober- und Unterhitze vorheizen. Die gekochten Kartoffeln durch einen Fleischwolf oder eine Kartoffelpresse drücken. Die rohen Kartoffeln schälen, auf einer Küchenreibe fein reiben und in einem Küchentuch auspressen, bis keine Flüssigkeit mehr austritt. Die Mettwurst in Würfel schneiden. Kartoffeln, Sahne, Eier, Mettwurst und Gewürze vermischen, in eine gefettete Kastenform (à 25 cm) geben und etwa 70–80 Minuten backen. Potthucke aus dem Ofen nehmen und abkühlen lassen. In Scheiben schneiden und in zerlassener Butter auf beiden Seiten kurz braten. Dazu westfälischen Knochenschinken und Wildkräutersalat servieren.

PFEFFERPOTTHAST

FÜR 4 PERSONEN

1 kg Rinderkeule
1 kg Zwiebeln
3 EL Butterschmalz
Salz, Pfeffer
1 unbehandelte Zitrone
1 Knoblauchzehe
2 Nelken
2 Lorbeerblätter
1 TL Pfefferkörner
8 Pimentkörner
1 l Fleischbrühe
2 EL Kapern

Das Fleisch grob würfeln. Die Zwiebeln schälen und in Scheiben schneiden. In einem Schmortopf mit Deckel Butterschmalz zerlassen und das Fleisch darin von allen Seiten scharf anbraten. Die Zwiebeln zugeben und mitdünsten, bis sie glasig sind. Mit Salz und Pfeffer würzen und einige Minuten weiterbraten. Die Zitrone heiß abwaschen, trocken reiben und halbieren. Eine Hälfte in Scheiben schneiden, die andere auspressen. Die Knoblauchzehe mit dem Messerrücken andrücken und schälen. Knoblauch und Zitronenscheiben mit den Gewürzen zum Fleisch geben und mit der Fleischbrühe ablöschen. Bei mittlerer Temperatur abgedeckt etwa 1,5–2 Stunden schmoren. Nach Ende der Garzeit das Fleisch herausnehmen und die Schmorflüssigkeit durch ein Sieb in einen Topf gießen. Die Flüssigkeit zur gewünschten Konsistenz einkochen, Kapern zugeben und die Sauce mit Salz, Pfeffer und Zitronensaft abschmecken.

ROTE-BETE-SALAT

1 kg Rote Bete
200 g Schmand
1 EL Pflanzenöl
Salz, Pfeffer
Zitronensaft
2 Boskoop
1 Schale Kresse

Die Rote Bete in Salzwasser kochen, abschütten und auskühlen lassen. Schmand und Öl verrühren und mit Salz, Pfeffer und Zitronensaft abschmecken. Die Rote Bete schälen und in dünne Stifte schneiden. Äpfel schälen, das Kerngehäuse entfernen und die Äpfel ebenfalls in Stifte schneiden. Rote-Bete- und Apfelstifte in einer Schüssel mit dem Schmand vermengen und abschmecken. Mit der Kresse bestreut zum Pfefferpotthast servieren.

RHEINISCHER SAUERBRATEN

FÜR 4 PERSONEN

2 Zwiebeln
2 Knoblauchzehen
1 Karotte
100 g Knollensellerie
2 Zweige Thymian
1 Flasche Rotwein (750 ml)
100 ml Rotweinessig
1 EL weiße Pfefferkörner
1 EL Senfkörner
1 EL Wacholderbeeren
2 Lorbeerblätter
1 Gewürznelke
1 kg Pferdehüfte
2 EL Butterschmalz
Salz, Pfeffer
1 EL Tomatenmark
2 EL Zuckerrübensirup

Zwiebeln und Knoblauch schälen und fein hacken. Karotte und Sellerie putzen, schälen und beides in Würfel schneiden. Thymian zusammen mit der Flüssigkeit in einen Topf oder einen passenden Behälter geben und die Gewürze zugeben. Das Fleisch und das Gemüse in die Marinade geben. Fleisch 3–4 Tage abgedeckt in der Marinade kühl stellen. Das Fleisch in der Marinade täglich wenden. Nach der Marinierzeit das Fleisch herausnehmen, die Marinade durch ein Sieb gießen und sowohl Flüssigkeit als auch Gewürze und Gemüse aus der Marinade auffangen und zur Seite stellen. In einem großen Topf oder Bräter Butterschmalz erhitzen und das Fleisch darin von allen Seiten scharf anbraten. Das Fleisch mit Salz und Pfeffer würzen, herausnehmen und das Gemüse und die Gewürze aus der Marinade anbraten. Tomatenmark und Zuckerrübensirup zugeben und anrösten. Die aufgefangene Marinade unter Rühren wieder zugießen und das Fleisch zurück in die Flüssigkeit legen. Aufkochen und bei niedriger Temperatur abgedeckt ca. 1,5–2 Stunden köcheln lassen. Sobald das Fleisch gar ist, herausnehmen und abgedeckt ruhen lassen. Die Schmorflüssigkeit durch ein Sieb gießen, erneut aufkochen und auf die gewünschte Konsistenz einkochen lassen. Die Sauce mit Salz und Pfeffer abschmecken. Den Braten in Scheiben schneiden, in die Sauce zurückgeben und wieder heiß werden lassen. Den Sauerbraten z. B. mit Knödeln und Rotkohl servieren.

DIPPEHAAS

FÜR 6 PERSONEN

1 küchenfertiger Hase
2 Zwiebeln
200 g Speck
2 Knoblauchzehen
1 Scheibe Brot vom Vortag
1 Prise Muskatnuss
3 Nelken
1 Lorbeerblatt
5 Wacholderbeeren
Salz, Pfeffer
200 g saure Sahne
4 EL Weizenmehl
1 l trockener Rotwein
aus Rheinhessen
4 EL Weizenmehl
2 EL Wasser

Den Backofen auf 200 °C Ober- und Unterhitze vorheizen. Den Hasen waschen und trocken tupfen. Das Fleisch von den Knochen lösen und in Stücke zerteilen. Die Zwiebeln schälen und würfeln. Den Speck in Würfel schneiden. Die Knoblauchzehen schälen und grob hacken. Die Speckwürfel in einer Pfanne auslassen und die Zwiebeln darin unter Rühren anschwitzen. Die Zwiebel-Speck-Mischung in einen großen Bräter geben und die Fleischstücke darauflegen. Das Brot von der Kruste befreien und über das Fleisch bröseln. Den Knoblauch und die Gewürze zugeben und mit Salz und Pfeffer würzen. Die saure Sahne mit dem Mehl und dem Rotwein verrühren und über das Fleisch gießen. Aus Mehl und Wasser einen Teig anrühren. Den Deckel des Bräters aufsetzen und mit dem Mehlteig verschließen. Den Dippehaas im Backofen etwa 2–2,5 Stunden garen. Nach Ende der Garzeit den Deckel abnehmen und nochmals abschmecken. Den Dippehaas z. B. mit Kartoffelklößen und Rotkraut servieren.

KERSCHEPLOTZER

FÜR 4–6 PERSONEN

4 Brötchen vom Vortag
500 ml Milch (erwärmt)
50 g Butter
60 g Zucker
2 frische Eigelb
1 TL Abrieb von
1 unbehandelten Zitrone
500 g frische Süßkirschen
oder 1 Glas (720 g) eingelegte
Süßkirschen
2 frische Eiweiß
Salz
½ TL Zimtpulver
Butter für die Form
Puderzucker zum Bestäuben

Den Backofen auf 220 °C Ober- und Unterhitze vorheizen. Die Brötchen in fingerdicke Scheiben schneiden, in eine Schüssel legen und anschließend mit der erwärmten Milch übergießen. 30 g Butter mit dem Zucker, den Eigelben und der Zitronenschale schaumig schlagen. Die Eigelbmasse zu den eingeweichten Brötchen geben und alles gut verrühren. Die Süßkirschen waschen und entsteinen oder die eingelegten Kirschen abtropfen lassen. Unter die Brötchenmasse mischen. Eiweiß mit einer Prise Salz steif schlagen und ebenfalls unterheben. Eine Auflaufform mit Butter einfetten und die Brötchen-Kirschen-Masse einfüllen. Die restliche Butter klein schneiden, auf der Oberfläche verteilen und mit dem Zimt bestreuen. Im Backofen auf der mittleren Schiene etwa 45 Minuten backen. Den Kerscheplotzer heiß mit Puderzucker bestäuben und z. B. mit Vanillesauce servieren.

KARTOFFELKRAPFEN

FÜR 4 PERSONEN

250 g gekochte Kartoffeln
25 g Butter
Salz
Muskatnuss
50 g Weizenmehl
1 Ei
Pflanzenöl zum Frittieren

Die Kartoffeln durch eine Kartoffelpresse in eine Schüssel drücken. Für den Brandteig 75 ml Wasser mit Butter, 1 TL Salz und 1 kräftigen Prise Muskatnuss in einem Topf aufkochen. Den Topf von der Kochstelle nehmen und das Mehl auf einmal hineingeben. Dann wieder auf die Kochstelle stellen und den Teig mit einem Kochlöffel zu einem Kloß verrühren. Den Kloß unter ständigem Rühren etwa 1 Minute erhitzen, bis sich eine dünne Schicht am Topfboden bildet. Anschließend den Kloß zum Kartoffelschnee geben. Die Masse mit Salz und Muskat abschmecken und das Ei mit den Schneebesen eines Handrührgeräts unterkneten. Den Teig etwa 30 Minuten ruhen lassen. In einem Topf reichlich Öl zum Frittieren erhitzen, den Teig zu Kugeln formen und portionsweise im heißen Öl goldgelb frittieren. Krapfen auf Küchenpapier abtropfen lassen.

KNUDELN

FÜR 4 PERSONEN

500 g Weizenmehl
3 Eier
½ TL Salz
Milch
2 EL Butter
Zimtpulver
Zucker

Mehl, Eier, ½ TL Salz und etwas Milch zu einem festen Teig verarbeiten. In einem Topf ausreichend Salzwasser zum Kochen bringen. Mit einem Teelöffel kleine Kugeln vom Teig abstechen und etwa 10 Minuten im simmernden Kochwasser gar ziehen lassen. Sobald sie an der Oberfläche schwimmen, mit einer Schaumkelle herausnehmen und in einem Sieb abtropfen lassen. In einer Pfanne die Butter zerlassen und die Knudeln darin kurz schwenken. Mit Zimt und Zucker bestreut servieren. Dazu passen eingemachte Birnen oder Apfelpüree

RHEINISCHES APFELKRAUT

FÜR ETWA 250 ML

5 kg Äpfel
1 l Apfelsaft

Äpfel von Druckstellen und Kerngehäuse befreien und grob klein schneiden. Die Apfelstücke in einen Topf geben und bei geringer Temperatur unter Rühren langsam weich kochen. Das Kompott in ein Passiertuch geben und über einem Topf gut ausdrücken, die Flüssigkeit auffangen, den Apfelsaft zugeben und alles unter Rühren aufkochen lassen. Den Saft unter gelegentlichem Rühren auf mittlerer Temperatur etwa 3,5 Stunden honigartig einkochen lassen. Sirup auf vorbereitete Einmachgläser (à 150 ml Füllmenge) verteilen, mit Deckeln verschließen und an einem dunklen Ort kühl lagern.

APFELKRAUT-EIS MIT SÜSSEN REIBEKUCHEN

FÜR 4 PERSONEN

APFELKRAUT-EIS
6 Eigelb
70 g Zucker
300 ml Milch
300 ml Sahne
120 g Apfelkraut
1 Vanilleschote
1 Prise Fleur de Sel

Eigelbe mit Zucker in einer Küchenmaschine mit Rührbesen so lange aufschlagen, bis die Masse hellgelb und cremig ist. Milch und Sahne zusammen mit dem Apfelkraut unter gelegentlichem Rühren erhitzen, nicht kochen. Vanilleschote halbieren, das Mark herauskratzen und beides in die heiße Flüssigkeit geben. Einen Teil der heißen Flüssigkeit mithilfe eines Schneebesens nach und nach in die Eimasse rühren. Nun die Eimischung zur restlichen Flüssigkeit in den Topf geben und die Masse unter ständigem Rühren langsam auf 75 °C erhitzen. Die Masse vom Herd nehmen, die Vanilleschote entfernen und im Kühlschrank auskühlen lassen. Die abgekühlte Eismasse in einer Eismaschine gefrieren.

SÜSSE REIBEKUCHEN
500 g Kartoffeln
1 EL Weizenmehl
1 Ei
Zucker
Salz
Muskatnuss
3 EL Butterschmalz

Die Kartoffeln schälen, waschen und auf einer Küchenreibe grob raspeln. Die Kartoffelraspel in einem sauberen Küchenhandtuch ausdrücken. Das Mehl mit dem Ei verrühren und zu den Kartoffelraspeln geben. Mit Zucker, Salz und Muskatnuss abschmecken. Das Fett in einer beschichteten Pfanne erhitzen. Aus dem Kartoffelteig portionsweise knusprige kleine Reibekuchen backen. Auf Küchenpapier abtropfen lassen und im Backofen warm halten. Mit dem Apfelkraut-Eis anrichten und sofort servieren.

SCHWARZBROTPUDDING MIT BESCHWIPSTER STIPPMILCH UND STROMBERGER PFLAUMENKOMPOTT

FÜR 4 PERSONEN

STIPPMILCH
250 g Speisequark
40 ml Buttermilch
1 EL Vanillezucker
30 g Puderzucker
2 EL Stromberger Pflaumenbrand
150 ml Schlagsahne

Quark, Buttermilch, Vanille- und Puderzucker sowie Pflaumenbrand glatt rühren. Die Sahne steif schlagen und unter die Quarkmasse heben.

SCHWARZBROTPUDDING
250 g Pumpernickel in Scheiben
200 g getrocknetes Weißbrot ohne Rinde
300 ml Sahne
5 Eier
120 g Zucker
Mark einer ½ Vanilleschote
1 TL gemahlener Zimt
100 g Zartbitterkuvertüre
Butter zum Einfetten

Den Backofen auf 180 °C Umluft vorheizen. Pumpernickel unter dem Grill oder im Toaster rösten. Das getrocknete Weißbrot und den Pumpernickel klein hacken und in der Sahne einweichen. Die Eier trennen und das Eigelb mit Zucker, Vanillemark und Zimt schaumig aufschlagen. Das Eiweiß steif schlagen und vorsichtig unter die Eigelbmasse heben. Die Kuvertüre klein hacken, mit dem eingeweichten Brot vermischen und vorsichtig unter die Eimasse heben. Eine Kastenform mit Backpapier auslegen und mit Butter einfetten, die Masse einfüllen und die Form mit Alufolie abdecken. Ein tiefes Backblech in den Ofen stellen, die Kastenform hineinstellen und mit kochendem Wasser auffüllen, sodass die Kastenform etwa 2 cm tief im Wasser steht. Den Brotpudding etwa 45 Minuten backen. In der Form abkühlen lassen und dann vorsichtig stürzen.

PFLAUMENKOMPOTT
300 g Pflaumen
2 EL brauner Zucker
1 Sternanis
½ Zimtstange
60 ml Stromberger Pflaumenlikör

Die Pflaumen waschen, halbieren und entsteinen. Den Zucker zusammen mit 4 EL Wasser, Sternanis und Zimt in einer Pfanne karamellisieren. Die Pflaumen zugeben und mit dem Likör ablöschen. Die Pflaumen in der Flüssigkeit glasieren.

ANRICHTEN

Den Schwarzbrotpudding in Scheiben schneiden. Die glasierten Pflaumen mit der Stippmilch auf dem Schwarzbrotpudding anrichten und servieren.

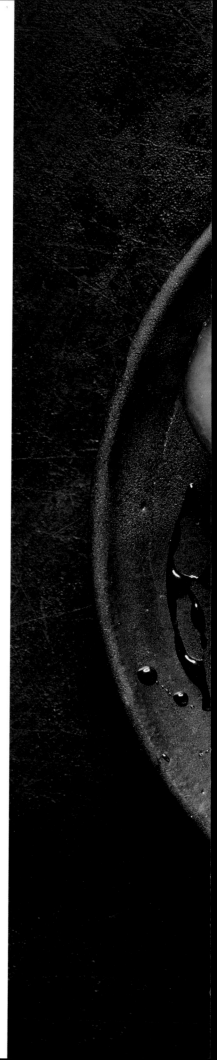

BEEF! 215

In Apfelwein geschmorte Weißwürste mit Apfelsenf und Laugenbrezeln aus dem Band BEEF! GRILLEN

Jenseits aller Gastro-Trends

Heimat – kaum ein Begriff ist so schwer zu fassen wie dieser. Allerdings weiß ich, was er für mich bedeutet. Ich bin im Hunsrück aufgewachsen, mit viel Wald und „Gegend" und mit den Rezepten, die meine Mutter von ihrer hatte. Und meine Großmutter sehr wahrscheinlich wiederum von ihrer. Zum Beispiel: Dicke Klöße, eine regionale Spezialität, serviert an Festtagen – Kartoffelkloßteig, der eine Hackfleischfüllung umhüllt, dazu eine milde Specksauce. Großartig! Oder noch besser: Schaukelbraten, vom Schwein oder Rind, über Buchenholzfeuer abgeflämmt, mit Rettichsalat serviert. Eine Delikatesse!

Heimatküche. Das ist für jeden etwas anderes. Doch etwas Entscheidendes eint alle Gerichte von Flensburg bis Rosenheim, so unterschiedlich sie landauf, landab sein mögen: Sie sind authentisch, jenseits aller Trends. Und darauf kommt es an. Ebenso wie auf Regionalität und Nachhaltigkeit. Das ist etwas, was uns bei der Arbeit an diesem Buch so begeistert hat: Mit diesen Rezepten aus den unterschiedlichsten Ecken Deutschlands zelebrieren wir genussvoll Geschichte, Tradition und Geschmack.

Der nunmehr zehnte Band der Bestseller-Reihe BEEF! Meisterstücke vereint Kulinarisches aus allen Regionen Deutschlands. Diese Regionalküchen spiegeln Traditionen wider, die von den unterschiedlichen Kulturlandschaften und den Menschen bestimmt werden, die dort leben. Porträts und Reportagen über einzigartige Produkte und besonders Engagierte, die sich der Bewahrung dieser regionaltypischen Spezialitäten verschrieben haben, zeichnen ein beeindruckendes Bild der Vielfalt deutscher Esskultur. Für mich persönlich ist dieses Buch daher ein sehr spezieller BEEF!-Titel, der – hoffentlich – dazu beiträgt, sich auf etwas sehr Wichtiges zu besinnen: das Ursprüngliche, Reine, Unverfälschte.

Herzlichst

RALF FRENZEL, VERLEGER TRE TORRI VERLAG

BEEF! 219

REGISTER

Ahle Wurst, Schnippelbohnen-Suppe 193
Apfelkraut-Eis mit süßen Reibekuchen 213

Badisches Schäufele mit Kartoffelsalat 161
Bamberger Zwiebel 155
Bauernbrot mit Pottsuse und
 Harzer-Käse-Chips 99
Bayerische Creme mit Brezn-Karamell-
 Schokolade 169
Beamtenstippe 111
Beelitzer Spargelsalat mit Schweinekotelett 105
Bergkäsesuppe mit Obstler, Speck
 und Schüttelbrot 152
Berliner Buletten mit Rahmwirsing 107
Berliner Luft 123
Bierknöpfle mit Bergkäse und
 geschmelzten Zwiebeln 156
Biersuppe mit westfälischem
 Pumpernickel 194
Bodensee-Felchen „Müllerin" mit
 Spinatsoufflé 150
Böhmische Knödel 122
Bötel mit Lehm und Stroh 121
Bremer Kükenragout 70
Buchweizencrêpes mit Räucheraal-Creme
 und Gurkencarpaccio 145
Buletten, Berliner mit Rahmwirsing 107

Chili vom Deichlamm mit Wurzelgemüse
 und Kartoffeln 66

Deichlamm, Chili mit Wurzelgemüse
 und Kartoffeln 66
Dinnete 143
Dippehaas 210
Döppekooche 205

Eisbein-Carpaccio mit Berglinsen-Vinaigrette,
 frittierte Bäckchen und Senfsauce 162
Eingemachtes Filder-Spitzkraut 166

„Falscher Hase" 117
Filder-Spitzkraut, eingemachtes 166
Fischtüften, Usedomer 74
Franzbrötchen-Eis-Sandwich 79

Gaisburger Marsch mit Spätzle 151
Gans, Diepholzer 67
Germknödel mit Tonkabohnensauce 165
Gerstesupp 195
Glückstädter Matjessalat mit Rote Bete
 und Sauerrahm 53
Groter Hans aus der Tasse 78
Grünkohltarte mit Pinkel 51
Gurken, Spreewald 122
Gurkensuppe, Spreewälder mit gefüllten
 Plinsen 101

Hafenstulle mit Apfel-Zwiebel-Schmalz 50
Handkäs-Kuchen mit Apfel-Senfkorn-
 Chutney 186
Holsteinische Kartoffelsuppe mit
 Büsumer Krabben 57
Hunsrücker Klöße mit Specksauce 199
Kabeljau von der Planke mit Grünkohl
 und Speckchips 63

Kalter Hund 123
Kartoffelkrapfen 211
Kartoffelsuppe, Holsteinische mit
 Büsumer Krabben 57
Karpfen, Oberlausitzer mit Rotkohl 118
Kasseler mit Stromberger Pflaumen 203
Kerscheplotzer 211
Keulen von der Diepholzer Gans 67
Kirschtorte, Schwarzwälder mit Gin 166
Klöße, Hunsrücker mit Specksauce 199
Klöße, Thüringer 122
Knudeln 212
Knödel, Böhmische 122
Königsberger Klopse mit Rote-Bete-Salat
 und Kartoffelpüree 102
Köthener Schusterpfanne 114
Krautstrudel mit Kräuterschmand 75
Kükenragout, Bremer 70

Labskaus von Pastrami und Räucheraal
 mit pochiertem Ei 54
Lebkuchenparfait mit Zwetschgenröster 168
Leipziger Allerlei 113
Linseneintopf mit Weißwurstspätzle 159

Maischolle mit Krabbensauce 61
Marsch, Gaisburger mit Spätzle 151
Matjessalat, Glückstädter mit Rote Bete und Sauerrahm 53
Mecklenburger Rippenbraten 73
Mettbrötchen, Thüringer vom Grill mit Schwarzbiersenf 98
Milchnudeln mit Zimtbröseln und Kirschkompott 125
Möppkenbrot 194
Muscheln rheinische Art 190
Mutzbraten, Schmöllner vom Thüringer Duroc mit Sauerkraut 120

Oberlausitzer Karpfen mit Rotkohl 118
Ofenkartoffel mit Kochkäse und Apfelwein-Zwiebeln 202

Panhas, westfälischer mit Rübenkraut, Kartoffelpüree und glasierten Äpfeln 200
Pfälzer Saumagen in Kartoffelkruste mit Rotweinzwiebeln 196
Pfefferpotthast 209
Pochierte Eier mit Ärpel und Schlaat 203
Potthucke, sauerländische 206
Pottsuse, mit Bauernbrot und Harzer-Käse-Chips 99

Regensburger Wurstsalat mit Radieschenvinaigrette auf Brezelknödel-Carpaccio 146
Rehbuletten mit Wachtelei und Dithmarscher Spitzkohlsalat 64
Rheinischer Sauerbraten 210
Rheinisches Apfelkraut 212
Rippenbraten, Mecklenburger 73
Rote Grütze mit Milchreisschaum 76
Rotkrautwickel, Thüringer 112
Rübchen, Teltower 92

Sauerbraten, Rheinischer 210
Sauerländische Potthucke 206
Schäufele, badisches mit Kartoffelsalat 161
Schmöllner Mutzbraten vom Thüringer Duroc mit Sauerkraut 120
Saumagen, Pfälzer in Kartoffelkruste mit Rotweinzwiebeln 196

Schweinekotelett, Beelitzer mit Spargelsalat 105
Schnippelbohnen-Suppe mit Ahle Wurst 193
Schnüsch mit Holsteiner Küstenschinken 60
Scholle Finkenwerder Art mit Markbutter 58
Schupfnudeln mit Sauerkraut und Landjäger 160
Schwarzbrotpudding mit beschwipster Stippmilch und Stromberger Pflaumenkompott 214
Schwarzwaldforelle, geräuchert, Tatar mit Reibekuchen 149
Schwarzwälder Gin-Kirschtorte 166
Soljanka 106
Spargel mit Schwarzwälder Schinken und Kratzede 142
Spargelsalat, Beelitzer mit Schweinekotelett 105
Speck und Klüten 69
Spreewälder Gurkensuppe mit gefüllten Plinsen 101
Spreewald-Gurken 122

Tafelspitzsülze im Glas mit Grüne-Sauce-Mousse 189
Tatar von der geräucherten Schwarzwaldforelle mit Reibekuchen 149
Tatschnudeln 161
Teltower Rübchen 92
Thüringer Klöße 122
Thüringer Mettbrötchen vom Grill mit Schwarzbiersenf 98
Thüringer Rotkrautwickel 112
Tote Oma mit Bratkartoffel-Schaum und frittiertem Sauerkraut 108
Usedomer Fischtüften 74

Westfälischer Panhas mit Rübenkraut, Kartoffelpüree und glasierten Äpfeln 200
Woihinkelsche 195
Wurstsalat, Regensburger mit Radieschenvinaigrette auf Brezelknödel-Carpaccio 146

Zwetschgenröster mit Lebkuchenparfait 168
Zwiebel, Bamberger 155
Zwiebelkuchen 187

MEHR BÜCHER BRAUCHEN MÄNNER NICHT ZUM KOCHEN!

BEEF! NOSE TO TAIL
BEEF! WURST
BEEF! CRAFT BIER
BEEF! GRILLEN
BEEF! STEAKS

TRE TORRI

JETZT BESTELLEN
beef.de/shop

IMPRESSUM

© **2020** Lizenz der Marke BEEF!
durch Gruner + Jahr GmbH
Alle Rechte vorbehalten
www.beef.de

Projektteam BEEF! / Gruner + Jahr GmbH
Jan Spielhagen, Monique Dressel, Katharina Mechow, Wiebke Brauer

© **2020** Tre Torri Verlag GmbH, Wiesbaden
www.tretorri.de

Herausgeber
Ralf Frenzel

Idee, Konzeption und Umsetzung
Tre Torri Verlag GmbH, Wiesbaden

Text
Ursula Heinzelmann, Berlin
Susanne Grendel, Büttelborn
Verena Weustenfeld, Kiel (S. 38 Krabbenfischer, S. 42 Sylter Royal)

Lektorat
Katharina Harde-Tinnefeld, Hamburg

Art Direction und Gestaltung
Tommas Bried, 3c4y Cookbook Design London/Berlin

Rezeptfotografie
Stefan Thurmann, Hamburg

Foodstyling
Raik Holst, Hamburg

Illustrationen
Infokästen S. 12/13, Kompass-Grafiken: 3c4y Graphic Design London/Berlin

Digitale Druckvorstufe
Lorenz & Zeller, Inning a. Ammersee

Printed in Germany

ISBN 978-3-96033-014-1

© Fotonachweis
S. 2/3 André Schakaleski, Schmölln, www.mutzbraten.eu | S. 5 Porträtfoto Jan Spielhagen: David Maupile, Hamburg | S. 6/7 Hintergrundbild Arne Landwehr, Hamburg | S. 12 Infokasten Hintergrundbild l.u. Stefan Thurmann, Hamburg | S. 13 Infokästen Hintergrundbilder l.o. Adobe/Anton, r.o. Frank Bauer, München, l.u. Stefan Thurmann, Hamburg r.u. Arne Landwehr, Hamburg | S. 16 Frank Bauer, München | S. 18/19 oben Markus Heisler, Mannheim, r.u. Arne Landwehr, Hamburg | Deutschlandkarte S. 24/25, 28, 82, 128, 172 Adobe/ii-graphics | S. 26/27 Adobe/aubi1309 | S. 28/29 Ewelina Dittmeyer, Dittmeyer´s Austern-Compagnie, List | S. 30 MSC Marine Stewardship, Council, Berlin | S. 32/33/34/35 Arnd Müller, Apen (Schinken-Museum, Original Ammerländer Schinken) | S. 36/37 Inken Mohr, Munkbrarup | S. 38/39/40/41 MSC Marine Stewardship Council, Berlin | S. 42/43 Ewelina Dittmeyer, Dittmeyer´s Austern-Compagnie, List | S. 44 Adobe/Steidi | S. 46/47 oben Adobe/powell83 | S. 47 unten Michael Lucan/ https://commons.wikimedia.org/wiki/File:2012-10-02_Eckart_Brandt_286.JPG | S. 80/81 Adobe/Bomenius | S. 82/83 Adobe/Mark | S. 84 Adobe/biggi62 | S. 87 André Schakaleski, Schmölln, www.mutzbraten.eu | S. 88 Adobe/Henry Czauderna | S. 90/91 Matthias F. Schmidt, Erfurt | S. 92/93 Teltower Stadtblatt Verlag, Teltow | S. 94/95 Christian B. Schmelzer, Berlin | S. 126/127 Frank Bauer, München | S. 128/129 Adobe/Michael | S. 130 Tommas Bried, 3c4y Food Photography, London/Berlin | S. 132 Adobe/mmphoto | S. 133 Adobe/isaac74 | S. 134 Jörg Kimmich, Kimmich's Sauerkonserven | S.135 Peter Schulte, Hamburg, S. 136/137 Adobe/Bernd Schmidt | S. 138/139 Bäuerliche Erzeugergemeinschaft Schwäbisch Hall | S. 170/171 Die Apfelweinkeltereien/Nadler | S. 172/173 Peter Schulte, Hamburg | S. 174 Adobe/kaptn | S. 175 Emha, https://commons.wikimedia.org/wiki/File:Gruene_sosse_verpackt_20080402.jpg | S. 176 Anna Wander, www.allesausdemgarten.de | S. 180/181 Die Apfelweinkeltereien/Nadler | S. 182 Adobe/Danicek | S. 218 Porträtfoto Ralf Frenzel: Johannes Grau, Hamburg

Haftungsausschluss
Die Inhalte dieses Buchs wurden von Herausgeber und Verlag sorgfältig erwogen und geprüft. Dennoch kann eine Garantie nicht übernommen werden. Die Haftung des Herausgebers bzw. Verlags für Personen-, Sach- und Vermögensschäden ist ausgeschlossen.